一读就上瘾的少年科学课

科学火箭叔 著

浙江教育出版社·杭州

目录
C◯NTENTS

第一章　伟大的太空任务

CONTENTS

第二章　奇妙的科技知识

C🪐NTENTS

第三章　身边的生活科学

伟大的太空任务

火箭能不能载人，谁说了算?

我们经常在电视或网络上看到"某某号火箭成功发射升空"的新闻，但能载人的火箭却不多。为什么这么多火箭升空都不载人呢? 火箭能不能载人，到底谁说了算?

我们来看看图 1-1:

长征系列运载火箭部分型号示意图

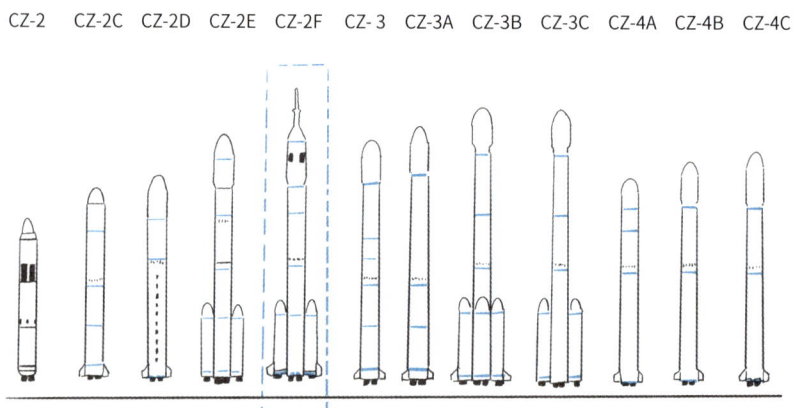

CZ-2　CZ-2C　CZ-2D　CZ-2E　CZ-2F　CZ- 3　CZ-3A　CZ-3B　CZ-3C　CZ-4A　CZ-4B　CZ-4C

图 1-1

这是一排长征运载火箭，其中有一枚相当与众不同。那是一枚带着"针尖"的运载火箭，它就是长征二号 F，简称"长二 F"。2021 年 10 月 16 日，它搭载神舟十三号载人飞船，把翟志刚、王亚平和叶光富三名航天员成功送入太空。而其他那些不带"针尖"的运载火箭，就没有这个功能。

看来，火箭能载人的秘密就在顶部的那个"针尖"上。那么，这个"针尖"到底有什么作用呢？接下来我就给你解解密。

如今放眼全世界，尽管能发射卫星的火箭很多，但能发射载人飞船的火箭却只有三种，分别为俄罗斯的联盟号、美国的猎鹰 9 号和中国的长征二号 F。之所以这么少，是因为发射载人飞船对技术的要求可比发射卫星高多了！如果总结一下，其中有三点最重要：

1. 推力要足够大

卫星的重量有大有小，但载人飞船都是大块头，重量基本都要七八吨起步，比如神舟飞船就重达 8 吨。要把这么重的大家伙送往距离地面 200 ～ 500 千米远的轨道上，火箭必须是个"肌肉猛男"才行。

2. 要具备应急救生功能

载人飞船发射时，最大的危险来自火箭上升阶段。为了确保航天员的生命安全，火箭必须增设故障检测系统和逃逸救生系统。而我国"长二 F"顶部那个"针尖"，就叫作"逃逸塔"。这个部位被称为"航天员的救生艇"，一旦火箭在发射过程中出现重大故障，它就能迅速将航天员带离危险区，并为航天员安全返回地面提供必要条件。

那么，这个逃逸塔是怎么工作的呢？

我们来看图 1-2，它所展示的就是逃逸塔的结构和模拟工作过程。

如果火箭发生故障，原本的整流罩就会从栅格翼的下缘一分为二，下部继续连在火箭上，上部则带着同样是与推进舱分离了的神舟飞船的轨道舱与返回舱一起，在逃逸主发动机的帮助下，迅速与火箭脱离。同时，栅格翼也会降下来，把逃逸飞行器压力中心拉低，使其更容易受到控制。等到升空后，逃逸塔上的姿态

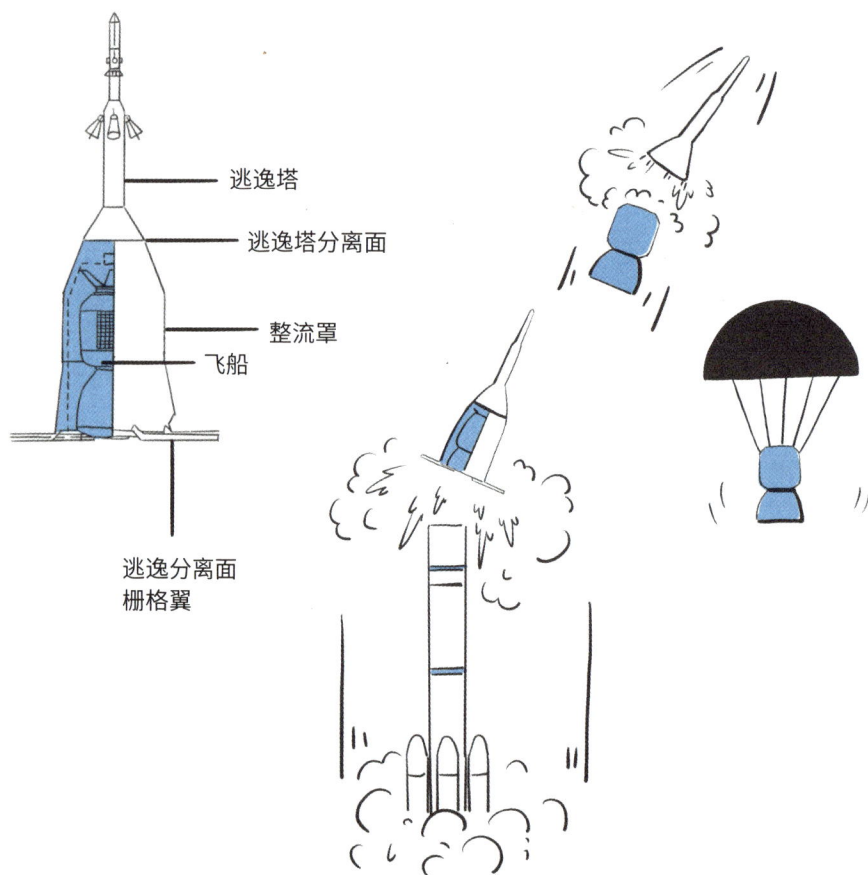

逃逸塔

逃逸塔分离面

整流罩

飞船

逃逸分离面
栅格翼

图 1-2

控制发动机就立刻开始工作，让逃逸飞行器在上升的同时偏转一定角度，远离危险区。在飞出一定距离后，分离发动机点火，把搭载着航天员的返回舱从逃逸飞行器中分离出来，其余部分则继续飞行。随后，返回舱按照自己的飞行路线，调整到一个有利姿态后开始下降，继而打开降落伞，安全着陆，航天员就脱离危险了。

那些没有"针尖"的运载火箭，就没有这样复杂的应急救生系统，所以自然就无法载人上天了。

3. 要具备比普通火箭更高的可靠性、安全性和质量要求

发射卫星的火箭可靠性大约为 0.9，安全性则无特殊的要求。也就是说，每发射 100 次卫星，要确保 90 次成功。但发射载人火箭的标准和要求就要高得多，它的可靠性要求为 0.97，就是发射 100 次，要确保 97 次成功，最多只能有 3 次失败。而在这 3 次失败中，危及航天员安全的概率必须小于 0.003，这就意味着它的安全性要求达到了 0.997。

当然，一艘火箭由几万甚至几十万个零部件组成，把里面错综复杂的电线拉直排排队，比绕地球赤道一周的距离还要长。如果火箭上有 0.1% 的零部件出现故障，那就是成百上千个。火箭可不像汽车，抛锚了可以换个备胎或等待道路救援。火箭一旦"抛锚"，分分钟变成一坨废铁，上面的航天员危险性可想而知。

所以，载人火箭必须有最精密的设计、最成熟的元件、最彻底的测试和最完整的备用系统。就拿我国"长二 F"来说，整个火箭使用的 4 万多个电子元件都要经过严挑细选；火箭飞行全程不过 600 秒，但这些元件却要经过 600 小时无故

障工作的测试；控制系统和电气系统需要有数十个备用部件，就算一个甚至多个部件出现故障，也有顶替它继续工作的备用件，不会影响火箭的正常飞行。与此同时，火箭在正式发射前还要经过数万次的仿真飞行实验。

正是在这些环节都做到了最极致，中国"长二 F"才成为这个世界上仅有的三种载人火箭之一。

现在你明白了吧？运载火箭真的不是随便就能载人的呀！

火箭发射也关 USB 的事吗?

你发现了吗?我国神舟十三号发射期间,地面测控站在汇报监测状态时,多次提到"USB 跟踪正常"。那么,这个"USB"与我们在电脑上使用的 USB 是不是一个东西呢?

实际上,这个"USB"与我们电脑上使用的 USB 完全没关系。我国神舟十三号上的"USB"是 S 波段统一系统,它的英文全称是 unified S-band system,是航天器测控和天地数据传输系统的一个重要组成部分。

1.USB 是干什么用的?

这要从第一次载人登月直播说起。1969 年 7 月 20 日,美国阿波罗 11 号载着两名航天员在月球成功登陆,尼尔·奥尔登·阿姆斯特朗(Neil Alden Armstrong)代表全人类在月球上踩下了第一个脚印。这个画面是通过电视直播,让地球上的人同时看到的。从这以后,各国便兴起了太空探索的热潮。

其实在那之前,美国国家航空航天局(NASA)着手研发能将人类送上月球的火箭和飞船时,没有几个人相信能实现,因为那时连上过近地轨道的航天员都屈指可数，想要登月简直是痴心妄想！

无数质疑向 NASA 涌来，如果不能尽快证明自己，NASA 就会面临被讨伐的危机。那怎么来证明自己能让航天员登上月球呢？自然就是将航天员在月球上行走的画面给直播出来。如果把这个画面播出来，自然就打消了人们的质疑。

在那时，NASA 已经能够用无线电同飞船进行通信了，但代价很大。飞船要用到很多单独的天线来分别发射语音、遥测和跟踪信号，既复杂又笨重，还不那么可靠。在这种情况下，要再强行塞入一个视频画面的传输系统，简直是难上加难！

于是，NASA 痛定思痛，干脆开发了一个全新的通信系统，一下子就把问题彻底解决了，这个通信系统就是 S 波段统一系统，简称 "USB"。它可以将原本使用不同频率和不同天线来发射的信号调制结合在一起，成为一个单独的 S 波段信号，并且使用一个天线来发送信号，这样就方便了很多。等到了接收端，再来一次解调操作，就能把原始的遥测、指令、声音和视频信号等都给变出来，人们就可以通过电视屏幕看到航天员在月球上的真实画面了。

美国阿波罗 11 号当时就通过这个 USB，先将信号发送到位于澳大利亚的追踪站，将画面解调出来，再转换成标准的广播电视信号，通过卫星发回美国休斯敦的控制中心，随后从这里向全世界进行了直播。

现在你明白了吧，这个 "USB" 可比我们电脑上用的 USB 厉害多了，它简直就是天地间数据通信的全效解决方案呀！

2. 比 USB 更厉害的 Ka 频段高码率天基测控系统

当然，USB 这么厉害的东西也不是完美无缺的，它也有一些缺点。由于 S 波段的宽度较窄，传输速度较低，所以没办法满足现代火箭和飞船数据回传的需求。当年美国的阿波罗 11 号，也是采用省流量的低频扫描来拍摄视频的，而且是对视频信号进行大幅压缩后才实现回传的，所以我们看到的画面并不清晰流畅。

为了解决这个难题，我国自行研究开发了 Ka 频段高码率天基测控系统。2020 年 12 月，这个系统已经在长征八号遥一运载火箭发射过程中成功进行了试验，可以做到发射全程无盲区遥测覆盖，并直接将数据传输能力提升上百倍。与"USB"使用的 S 波段完全不同，Ka 频段的频率更高，带宽更宽，装下的数据更多，并且速率更高，所以数据传输速度更快，每秒可达上百兆。各方面功能综合起来，如今我们在地面上就能看到航天员在太空活动的更加清晰、流畅的视频画面了。

航天员穿上航天服就能马上出舱行走吗?

如果你看过科幻电影《地心引力》,应该还记得其中的画面:航天员穿上航天服后马上就出舱行走,回来后也可以马上脱下。

穿脱航天服真的这么简单吗?事实并非如此。目前,任何一个国家设计的航天服都不可能做到出舱后马上行走,原因就在于航天服内外有压力差的存在。

我们知道,外太空是个真空环境,而航天服内显然不能做到真空,里面必须有空气才行。这样航天服内外就产生了极大的压力差,使得航天服变得鼓鼓囊囊的,就像个大气球,航天员穿着时活动会受到限制,有时甚至无法动弹。

1. 有压力差存在时该怎么办?

解决这个问题有两种思路:一种是把航天服做得硬一些,靠材料本身的强度来抵抗压力差;另一种是减少压力差来源,也就是减小航天服内部的气压。这两种解决思路各有亮点,但也都有缺点,我们分别来看看。

首先看第一种思路,就是把航天服做得足够厚实,像潜水艇的耐压壳一样,但这样无疑会增加航天服的重量,限制航天员的活动。这不仅对航天员不够友好,对火箭本身的运力也不太友好。

不过，随着火箭运力的提升，增加点儿重量火箭也可以承受，于是科学家就集中力量攻克航天服的灵活性问题。为此，20世纪80年代，NASA还进行过一次专门的尝试，开发了一款由很多硬质球形关节组成的，看起来就像米其林形象一样的航天服——AX-5。航天员待在里面，不仅能享受与舱内完全一致的气压，坚硬的盔甲也不会让他们在出舱后膨胀起来，所以航天员真的实现了穿上航天服就能马上出舱行走。但可惜的是，这套航天服太昂贵了！最终因为经费问题，不得不终止使用。

那就只能采取第二种思路——减压了。如果将航天服内的气压减小，膨胀问题应该也能得到一定程度的缓解吧？但是，减压也带来了两个新问题：一个是会令航天员产生类似高原反应的症状，这就只能靠给航天员吸纯氧才能解决；另一个是会导致航天员患上"减压病"。

2. 什么是"减压病"？

你听说过"减压病"吗？它是一种因氮气过多溶解于血液、得不到及时排放而导致的严重疾病。我们的血液中不仅溶有氧气、二氧化碳，还溶有氮气，而溶入量就取决于我们所处的外部环境的气压。外部气压越大，我们肺内的气压也越大，从而也能使越多的空气溶入血液当中。其中，溶入的氧气和二氧化碳很快就被吸收分解了，但氮气却会留在血液中。如果环境气压缓慢降低，这些氮气也会缓慢释放，不会伤及身体；但一旦外界气压突然降低，氮气无法缓慢释放，就会在人体血管内形成大量气泡，严重危害身体健康。

航天员穿上低压航天服，就是从一个相对高压的环境进入一个相对低压的环境，如果不能缓慢减压，就会患上"减压病"。要解决这个问题，就得让穿航天服的动作持续很长时间才行，但这又不太现实。你能想象一个人用慢动作穿衣服是什么样子吗？

3. 两种方法折中，改善压力差

为解决这个难题，科学家们进行了大量的探索，最后决定把这两种思路结合起来，折中一下：在航天服能做硬的地方尽量做硬一点，同时也不将内部的气压降低太多，大约维持在标准大气压的三分之一到二分之一之间，这样就减少了排氮所需的时间。而且，航天员也不用傻傻地用慢动作来穿航天服了，只要在穿它前先吸一段时间的纯氧就可以啦！

在以前的航天飞机上，航天员都是戴着面罩吸氧的，有点提前受罪的感觉，而到了国际空间站后，他们只要在独立的气闸舱里睡一觉，就能完成吸氧排氮的过程了。不管怎么说，航天员都不可能一换上航天服就立马出舱，我们在电影中看到的情景与真实情况不一样。

航天员被困在月球上会怎么样?

不知道你有没有想过这样一个问题:如果航天员登上月球后,由于突发情况回不来了、被困在了月球上,他们该怎么办?

从理论上说,现在这个问题已经算不上什么了,去月球上把人接回来就可以了嘛!但是,在美国阿波罗 11 号第一次将人类送上月球时,这个问题可是个大问题。如果那时出现意外,阿姆斯特朗和巴兹·奥尔德林(Buzz Aldrin)有多大概率能活着回来呢?

1. 差点儿回不来的阿姆斯特朗和奥尔德林

实际上,阿姆斯特朗和奥尔德林那时还真差一点儿被困在月球上。当时,一个与登月舱上升级点火有关的开关被奥尔德林碰坏了。如果点不着火,上升级就无法离开月面,两名航天员就只能留在月球上与嫦娥、玉兔为伴了。幸运的是,在关键时刻,奥尔德林摸到自己口袋里有 一支毡尖笔。当他战战兢兢地用这支笔对准开关所在的小孔插进去时,奇迹发生了,它居然开始工作了!两名可能上辈子拯救了银河系的航天员,最终有惊无险地安全返回了地球。

听起来是不是有些运气的成分？因为按照规定，航天员在重新进入登月舱时，身上所有的东西都要被扔掉，奥尔德林已经扔掉了自己身上昂贵的哈苏相机。可他就是鬼使神差地留下了这支看似没什么用的毡尖笔。你看，人生有时就是这么不可思议！

2. 万一被困在月球上怎么办？

那么，万一奥尔德林把这支笔也扔掉了，两名航天员真的被困在月球上了，NASA 会怎么办呢？NASA 能做的只有一件事，就是给总统打电话，让总统发表电视讲话，宣布航天员在月球上牺牲的消息。因为在当时，用另一艘飞船去把留在月球上的航天员接回来，是绝对不可能的。

首先，为了完成月面的降落与起飞，登月舱都设计得非常狭窄，想在里面容纳 4 个人几乎不可能。举个例子，当两名航天员从月球表面返回登月舱时，必须等第一名航天员进入登月舱、关闭舱门、退到驾驶位之后，第二名航天员才能重新打开舱门进入登月舱，这时舱内就会变得特别拥挤。而且，登月舱也无法承载 4 个人的重量，一旦重量加倍，飞船可能就无法正常飞行了。

其次，如果要用另一艘飞船去接航天员，还需要付出巨大的成本。你可能不知道，土星 5 号运载火箭每次发射要花费 10 亿美元，那可是 20 世纪 60 年代！放到现在，这 10 亿美元的价值应该差不多能翻倍了吧！而且，人类在一个几乎不可能登上月球的时候登上了月球，已经是一次巨大的冒险，如果再冒一次险，即使能再次登上月球，面对的恐怕也已是两具僵硬的尸体了。要知道，在狭小的、缺乏补给的登月舱内，航天员既没办法种土豆维持生命，也没办法找到足够的能源来维持生命支持系统的工作，结果都是一样的：不是饿死，就是闷死。

这么推测起来，如果当时出现意外，两名航天员生还的概率可能就真的是零了。

当然，还有另外一种办法，就是让航天员先留在那里，通过发射货运火箭给他们持续提供补给，等到 NASA 把能接他们回来的大飞船研发出来后，再去月球接他们。但是，这需要航天员有十分过硬的心理素质，能够在月球上等待这一天的到来。

3. 阿波罗计划早期的三种方案

其实，在美国阿波罗计划早期，关于人类如何登月是有三种方案的：

第一种是直上直下方案，就是用大型火箭直接把飞船发射至月球轨道，然后飞船从月球轨道降落到月球上。任务完成后飞船直接起飞，回到地球，中间没有复杂的对接环节。但这需要一枚超大型的运载火箭，研发费用巨大，最后不得不放弃。

第二种是地球轨道交会方案，先将推进单元发射到地球轨道上等待，再将载人单元发射上去，两者对接合体后再一起出发前往月球。但是由于当时在地球轨道上拼装航天器是否可行尚是未知数，所以这种方案没有被采纳。

综合考量之下，NASA 选择了第三种方案，就是阿波罗计划真正执行的方案：轨道器和登月舱到达月球轨道后，再进行分离和组合。

无论如何，所有的第一次冒险都充满了不确定性，乘坐宇宙飞船可不是闹着玩的。因此，我们更应该向那些无惧无畏的航天英雄致敬！

新视野号的冥王星之旅

2006 年，美国新视野号探测器作为飞离地球最快的航天器，仅仅用了 9 个小时就飞过了月球，而阿波罗 11 号载人飞船从地球飞到月球轨道用了约 3 天，这简直就是高铁对绿皮车一般的碾压！

那么，新视野号为什么要飞这么快呢？

自然是为了快一点到达它的目的地——冥王星了。即便是这么快的速度，新视野号也花费了 9 年半的时间才飞掠冥王星附近。为了尽可能地减轻重量，只有三角钢琴大小的它，所携带的燃料仅够对航向进行小幅度的修校。所以，在接近冥王星时，它就没办法停下来细细观赏，唯一能做的就是在快速掠过冥王星时稍稍放慢，并按下连拍键，为我们传回数千张冥王星的特写照片。这样，这段旅程就算值了！

说到这儿，你可能很意外：难道飞行了 9 年半的时间，新视野号探测器只是为了给冥王星拍一些照片？

听起来好像确实有些遗憾，但如果你知道了新视野号背后一波三折的故事，可能就会明白，能看上一眼冥王星是一件多么不容易又多么值得的事！

1. 神秘却不被重视的冥王星

在英文中，冥王星叫作 Pluto，是罗马神话中的冥界之神普路托，传说中他可以隐身，让别人发现不了自己。而现实中的冥王星也是这样的一个存在。直到 1930 年，美国天文学家克莱德·汤博（Clyde Tombaugh）才凭借超越常人的细心，发现了这颗距离太阳极其遥远、光芒极其暗淡的行星。

冥王星的发现，距离上一次人类确定太阳系中最遥远的行星海王星，已经过去差不多 100 年。所以，虽然冥王星被发现后，取代了海王星距离太阳最远的行星的地位，但由于它位居太阳系边缘，人们对它的好奇很快就消退了。它就像是九大行星中的"孤儿"，在寒冷、空旷、漆黑的太阳系边缘运行着。就连当年的旅行者 2 号跟它擦肩而过时，都懒得回头看它一眼。

更悲催的还在后面。新视野号前脚刚刚起飞，国际天文学联合会后脚就把冥王星踢出了九大行星的行列，将它降级为一颗矮行星。这绝对让新视野号项目组成员捏了一把汗，如果发射再晚一点儿的话，NASA 可能连给它拍特写的心情都没了。

2. 一颗超乎想象的"矮行星"

2015 年 7 月 14 日，当第一张高清冥王星照片呈现在人们面前时，之前所有的质疑声和反对声统统都消失了。因为照片中的冥王星不再是模糊的像素点，而是变成了一个仿佛可以触摸的真实世界，它大大超越了人们最为疯狂的期待，并且直接推翻了之前的一些判断，甚至改变了人们对于行星形成机制的原有理论。

理论上，冥王星应该是一颗冰冷死寂的星球，但照片上的冥王星展现在人们面前的，不但有崎岖的地形、高耸的山脉、巨大的峡谷、流动的氮冰川，甚至还有一座与加拿大落基山脉差不多大的水冰山。

这些发现让科学家们得出了一个令人震惊的结论：经过 45 亿年后，冥王星在地质学上依然是活跃着的。这就直接推翻了天体物理学理论中所预测的，"许多小行星会在它们的生命早期迅速降温并匆匆死亡，只留下一个冰冻躯壳"的结论。可见，人们之前对于行星发动机（内核）工作原理的认识是错误的，现在不得不重新思考它们。

3. 巨大的冰火山与蔚蓝的天空

就在人们惊叹于活着的冥王星时，一张更加神秘的照片下载完成了。这张照片展示的是一座巨大的冰火山。显然，它是活着的，而活火山就意味着热源的存在。那么，冥王星上的热源来自哪里呢？科学家由此推测，在冥王星的外壳下方，很可能蕴藏着温暖的海洋。这个结论够震撼吧？

然而惊喜远没有结束，就在大家认为这些已经足够令人惊喜时，正在离开冥王星的新视野号转身给它来了个"回眸一瞥"。这一瞥不要紧，它竟然拍下了一张蔚蓝天空的照片，这一发现再次激发了人们的尖叫声。要知道，这表明冥王星是有大气的！这种蓝色的氮气大气层本该在数十亿年前就消散在太空中了，那么这些大气又是来自哪里呢？

唯一的解释就是，冥王星正源源不断地获得大气的补充。而大气的来源，很可能是因火山活动而从地表深处喷出的新鲜氮气。怎么样，是不是很刺激？

你看，一次原本不那么受重视的太空探索，居然提供了这么多的科学线索和成果。这样说来，新视野号的这次旅行是不是就很值了呢？

人造重力能实现吗？

我坐飞机时曾体验过一次失重，那种感觉非常难受，甚至至今我都有心理阴影。

我们偶尔体验一次失重已经很难受了，而航天员在太空中天天失重，他们受得了吗？失重的感受还是其次，重要的是失重对人体健康也有损害，比如会令骨骼和肌肉退化、心脏和视力出现问题，就连认知能力也会大打折扣。

既然失重状态对航天员有这么多损害，那么我们正在搭建的最新的中国空间站，能不能采用人造重力，来缓解航天员在太空中失重的情况呢？

1. 什么是人造重力？

说起人造重力，你可能觉得不可思议：重力也可以人造吗？

其实从原理上讲，人造重力并不难，只是实现起来很难而已。如果你看过电影《2001：太空漫游》，应该记得里面的空间站就像是巨大的车轮（如图 1-3 所示），利用旋转即可创造出人造重力，使内部人员像行走在地面上一样舒服。

但到目前为止，还没有航天员真正在太空站里这样行走过。如果你想体验这

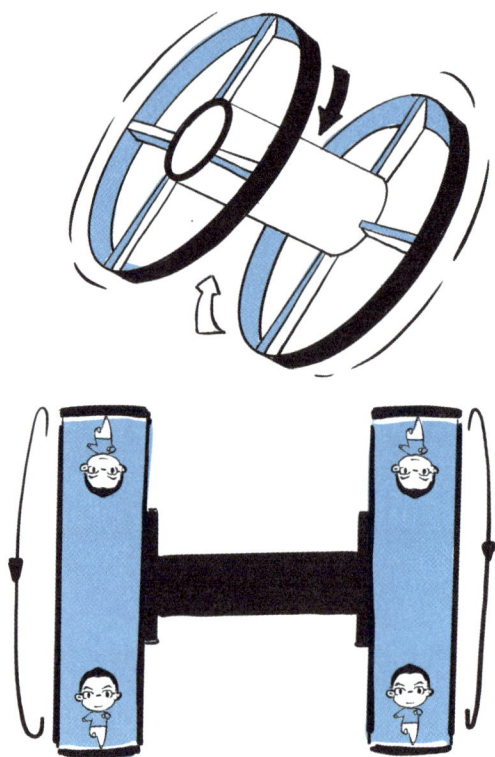

图 1-3

种感觉，可以到游乐场里坐一次大型离心机。

　　旋转之所以能产生重力，是因为向心力的存在。当离心机旋转起来后，你背后的墙面就会在向心力的作用下不断推着你，迫使你跟着它一起旋转，而不是沿着一条直线被甩出去。此时，你与离心机是相对静止的。如果把参考系放入这个相对静止的系统里，神奇的重力就产生了。

2. 旋转速度才是关键

早在20世纪60年代，NASA就曾开发出一台巨大的离心机来测试人造重力的可行性。当航天员进入离心机后，相对来说，整个离心机都在旋转，而航天员与离心机是保持相对静止的。如果此时离心机旋转速度恰好合适，那么一切跑、跳、走等运动都与在地面上无异，向心力便成为绝对真实且可以测量的"重力"。

所以，人造重力一点也不难，真正难的是尺寸问题。前文说过，一个恰到好处的旋转速度才能让人感觉与在地面上无异，这是产生人造重力的关键。而恰到好处的旋转速度，跟空间站的尺寸关系密切。离心机直径越小，需要的旋转速度就越快。试想一下，生活在一个转得飞快的陀螺里，那种感觉一定不会太好。

在《2001：太空漫游》里，我们看到弗兰克·普尔（Frank Poole）就是在一个旋转着的半径约为8米的控制模块里淡定自在地慢跑。通过计算可知：想要在这个圆筒壁上产生相当于$1g$（即9.8米/秒^2）的加速度的话，每分钟的转速需要达到10.5圈。在这种转速下，旋转参考系里面的"科里奥利效应[1]"将会非常明显，也会让你在里面的运动方向受到偏转。所以，弗兰克的慢跑只是电影里的场景，在真实场景中则很难实现。而实际中，中国空间站核心舱"天和号"的直径只有4.2米。

3. 增加离心机尺寸可行吗？

当然，如果不想离心机转得太快，可以通过增加尺寸来实现这个目标。但科学家估计，想让旋转速度慢到勉强适宜人类居住，离心机的半径至少要达到100

---

1 物体在旋转坐标系中移动会发生偏转的现象。

米，相当于两个国际空间站的宽度。有人曾做过估算，《2001：太空漫游》中那个半径 150 米的旋转空间站大约重 6.8 万吨，如果用我国的长征五号运载火箭来运载，需要发射 2720 次才能将它送上轨道。可以想象，无论是火箭发射还是太空安装，都将是一件非常费钱和费时的事情。

问题不止于此，即便真能把离心机建造出来，仍然会有很多问题。比如，由于半径不够大，它会让你的头和脚处于两个明显不同的重力区间，这很危险，因为你的心脏必须更加努力地工作，才能保证正常的血液循环。并且，你还要习惯生活在经常性的晕头转向中，因为一旦弯下腰，甚至只是晃一下脑袋，都会让你耳朵中的"陀螺仪"——内耳前庭，突然间切换到另一个重力频道。这也是人在失重时会头晕呕吐的原因。

所以，想要人工制造出重力并不难，也许不久之后就会有类似的航天器升空，帮助航天员更安全和舒适地执行太空任务。但是，想要像生活在地球上那样生活在太空中，人类还有很长一段路要走。

"天眼"出击，外星人在哪里？

如果问哪个国家会第一个发现外星人，那很可能是我们中国。为什么这么说呢？因为我们有"天眼"。

中国"天眼"，全称为"500 米口径球面射电望远镜"（Five-hundred-meter Aperture Spherical radio Telescope，简称 FAST），是全球最大的单一口径射电天文望远镜。2020 年 1 月 11 日，它顺利通过国家验收并正式投入运行。我们先来了解一下它的背景知识。

1. 什么是射电天文望远镜？

在大多数人的印象里，望远镜就是那种我们通过它能用眼睛看到远方物体的东西。如果你也这么认为，那未免太狭隘了，因为大量的光都是我们肉眼看不见的。它们要么波长太短，比如紫外线、X 射线、γ 射线等；要么波长太长，比如红外线、微波和无线电波。相比起来，我们能看到的可见光简直少得可怜。为此，我们制造出那些明明不像望远镜的望远镜，它们就是用来帮助我们看见那些不可见光的。

射电天文望远镜就是专门用来看不可见光中的无线电波的。利用无线电波观测宇宙有很多好处，比如，能帮助我们观察到极其遥远和极其暗淡的天体，让我们将视野拓宽到宇宙的更深处；再比如，无线电波拥有极强的穿透力，通过观察它，我们就能看到那些被宇宙尘埃遮蔽住的星系内部，从而探寻恒星诞生和黑洞的秘密。

不过，反过来说，使用无线电波也有一定的坏处，因为它的波长太长了，所以成像分辨率非常低，除非我们能扩大接收面积。说到这里，你应该就能明白为

图 1-4

什么射电望远镜都是一些"巨无霸"了吧？因为射电望远镜的口径越大，分辨率就越高，所以我们的"天眼"才要建得那么庞大，不仅反射面面积相当于 30 多个足球场加起来的面积总和，口径更是达到了 500 米。当然，"天眼"其他方面的数据也令人惊叹，比如反射面铺设了 8895 根钢索、由 4450 块三角形面板组成（如图 1-4 所示）。

还有重达 30 吨的馈源舱，用 6 根钢索悬吊在空中，里面装有最先进、最灵敏的接收装置。

这一切，仅施工建设就用了 5 年半的时间，而且还是用令世界惊叹的"中国速度"，其建造难度可想而知。

你可能对 500 米口径没有具体概念，那我们就来想象一下：假如向这口大锅里倒入红酒并将其装满，那么这些红酒足够地球上每个人喝上 4 瓶。这样描述，你能理解了吧？

2. 遇上下雨天，"天眼"是不是会盛满雨水？

"天眼"既然像一口大锅，那肯定能接雨水。一旦遇上下雨天，它不就变成一个大浴缸了吗？

科学家自然也能想到这个问题，于是就在每块三角形面板上都穿了孔，不仅能让雨水从孔中漏下去，还能帮它减重。关键是，穿过这些孔隙的太阳光线，可以让望远镜下面的灌木丛继续生长，这是一幅多么和谐的自然景象呀！

3. 巨无霸"天眼"可以转动吗？

"天眼"如此巨大，如果要转动它去瞄准一片特定的天空，该怎么转动呢？难不成"天眼"也像美国最大的望远镜阿雷西博一样，是固定不动的吗？

当然不是。"天眼"不但可以自由转动，瞄准精度还很高，这也是"天眼"的另一项惊人创新。在每一块三角形反射面板的底部，科学家们都设置了可独立控制的钢索，通过调整这些面板，可以将这口大锅的抛物面指向天空中的不同区域（如图1-5所示）。而挂在空中的馈源舱也可以在6根钢索的牵引下，配合抛物面的改变，调整自己的位置，精度可达10毫米。这项创新引起了外国科学家们的一致惊叹。

你现在明白了吧？如果要说发现外星人的话，那很有可能需要我们的"天眼"出击！

图 1-5

哈勃太空望远镜竟然是个"近视眼"?

同学们,你们应该都听说过哈勃太空望远镜吧。然而,你们可能不知道,在发射成功不久,哈勃太空望远镜就闹了个大笑话。这个花费 20 多亿美元、耗时 15 年研制,克服诸多困难发射上天的太空望远镜,上天后竟然变成了"近视眼"!一时间,NASA 变成了大家取笑的对象。

为什么会出现这种状况呢?要知道,在发射之前,哈勃太空望远镜的研究团队已经认真考虑过所有可能出现的问题了,甚至还担心过它拍摄的图像太模糊。结果证明,他们原本担心的问题都太高级了。

1."天生好动"的太空望远镜

与坐落在地面上的望远镜不同,哈勃太空望远镜是以每秒约 8 千米的惊人速度围绕地球旋转的,这种独特的运行方式带来了一个重大问题——它将不可避免地做一些翻转动作。

对于一台太空望远镜来说,"天生好动"显然不是一个优点。为了帮助它对抗这种翻转,科学家们想到了陀螺仪。于是,人类有史以来制造出的最精密的 6 个陀螺仪被安装在了哈勃太空望远镜身上。如此一来，最有可能引起图像模糊的因素就被解决了。

2. 给哈勃太空望远镜戴上"近视镜"

1990 年 4 月 24 日，美国发现号航天飞机搭载哈勃太空望远镜顺利升空。两个月后，第一张哈勃太空望远镜拍摄的照片传回地面，但结果证明，它就是一台发射到太空的业余望远镜。它最精密的陀螺仪没有出现问题，反而是最不应该出现问题的反光镜出了问题，哈勃团队的科学家们犯下了一个天文业余爱好者在制作望远镜时才容易出现的错误——球面像差。所有照射到球面的光线本来应该精确地汇聚到一点上，但由于反光镜出了问题，这些光线没能很好地汇聚到一点上（如图 1-6 所示）。科学家们推测，在哈勃太空望远镜那直径 2.5 米的大镜面上，可能是一个不超过头发五十分之一粗细的区域出了问题。

科学家们的当务之急就是赶快修复。经过几个月的艰难探索之后，他们终于

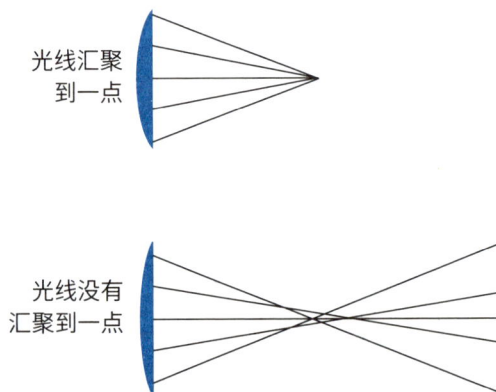

图 1-6

找到了修复方法：既然哈勃不幸患上了"近视眼"，那就给它戴副"近视眼镜"吧！于是，他们为哈勃太空望远镜准备了一个视力矫正系统。经过为期5天的太空维修之后，"近视眼"的它终于成为我们今天所认识的哈勃太空望远镜了。

3. 开启辉煌之路

魔咒解除后，哈勃太空望远镜的辉煌之路就此开启。30多年间，无数令人震撼的宇宙画面呈现在人们眼前。这些图画不仅美丽动人，而且它们中的每一个像素都在帮助人类解开更多的科学谜团。

比如，1995年12月18日，哈勃团队的科学家们进行了一次尝试，他们将哈勃太空望远镜对准了北斗七星上方一片像针尖一样的暗淡区域，想要测试一下其到底拥有多强大的观测能力。当时，这是一片从来没有人观察过的区域。浪费宝贵的观测时间，去做一件完全没有明确目标的事情，是要冒很大风险的，万一什么都没看到，岂不是又要被人嘲笑一番？

但是，哈勃团队的科学家们还是这样做了，他们用了10天时间，让哈勃太空望远镜在4种不同的光线波段，拍下了342张照片。经过合成处理后，成千上万个遥远的星系呈现在科学家们面前，画面中的每一个物体，包括那些微小的蓝点，都是穿越几亿、几十亿甚至几百亿光年来到我们面前的神秘世界。它们中的一些星系，甚至是在宇宙诞生仅仅10亿年之后就向我们送来了问候。此时的哈勃太空望远镜就像一台时光机，带领我们回到了宇宙的起点。

2016年，哈勃太空望远镜拍摄下了编号为GN-Z11的星系图片，你可能想不到的是，它的光线是从134亿年前发出的。而那时，宇宙大爆炸才刚刚发生了4亿年。这也是迄今为止哈勃太空望远镜帮我们追溯到的最遥远的过去和最遥远的距离了。

小行星会撞击地球吗？

说起演习，大家都不陌生，但有一种演习你可能都没怎么听说过，那就是行星防御演习。

简单来说，行星防御演习，就是上百名来自全球的顶级科学家聚在一起，花上 5 天时间，进行一次拯救地球的应对小行星撞击的演习。说到这里，你可能要问：为什么要进行应对小行星撞击的演习？难道小行星真会撞击地球吗？如果小行星来袭，我们有没有办法自救呢？

接下来，我们就一起来寻找这些问题的答案吧。

1. 小行星真的会撞击地球吗？

我要告诉你的是，小行星撞向地球是一个必然事件，关键在于：它会在什么时候撞向地球？它有多大？我们能做什么？这些问题就是科学家举行国际行星防御大会的原因。随着地球上人口的增长，我们越来越难以承受小行星撞击所带来的严重后果。同时，随着科技的进步，我们也越来越有可能成为地球上首个有能力阻止小行星撞击的物种。

2. 我们如何阻止小行星撞击地球?

目前，科学家们最认可的一种方法就是撞击法。这个不难理解，就是利用撞击让小行星脱离原来的运行轨道。

假设有一颗小行星正沿着自己的轨道前进，途中被我们的近地天体监测系统捕捉到了，经计算后发现，它的直径达 200 米，目标直接对准了某国的某个大城市。于是，科学家就派出 6 艘飞船冲向小行星，其中 3 艘准确击中目标，改变了小行星的运行轨迹；但同时也导致了一个意外，就是从这颗直径 200 米的小行星上撞击出了一个直径约为 70 米的更小的小行星。最后，这颗更小的小行星无法挽回地飞向另一个城市，即使人群进行了撤离和疏散，仍然造成上百万人死亡，损失惨重。

这时，你认为这个模拟实验是成功了还是失败了? 或者说，如果这种情况真实发生了，科学家采取的撞击策略到底有没有用呢?

其实，对比一下不同大小的小行星撞击后的破坏程度，你就知道这一撞击策略是有用的了。

如果粗略地进行划分，小行星的大小与它们的破坏力可分为五档:

第一档是直径小于 10 米的小行星，它们几乎没有破坏力，大部分会在大气层中被烧毁，成为我们眼中美丽而神秘的流星体。

第二档是直径在 20 ~ 100 米之间的小行星，这一档小行星撞击地球的能量可达到核弹水平，足以摧毁一座城市，所以这个级别的小行星也叫"城市杀手"。不过它们数量不多，每 100 年才可能碰上一颗。

第三档是直径在 500 米左右的小行星，可能一撞，撞掉的就是整个国家。在上文的模拟实验中，第一颗小行星的直径为 200 米，应该属于第二档到第三档之间的级别，算是个"省级杀手"吧。

第四档杀伤力就更大了，直径可达到 2000 ～ 3000 米，撞击后产生的尘埃可遮天蔽日，甚至会改变局部的气候模式，形成所谓的"核冬天"。这一档的小行星可以称为"洲际杀手"了。

最后一档，也是最恐怖级别的小行星，直径可达 10 千米。不幸的是，这种级别的小行星在 6500 万年前被恐龙碰上了，结果导致恐龙全部灭绝。这档小行星撞击地球后，释放出的能量相当于 10 亿兆吨的氢弹爆炸，地球大部分都将淹没在熔融的岩浆中，海洋被酸化，"核冬天"持续数十载，大部分生物灭绝。可见，这个级别的小行星称得上是"全球杀手"了。

3. 人类会碰上这样可怕的撞击吗？

当然会，它只是个时间问题。如果真碰上了，可能就要采用以上方法来应对。而事实上，科学家已经在不断进行模拟实验了，比如在 2005 年 1 月，NASA 就向一颗彗星发射了一枚名为"深度撞击号"的探测器。

同年 7 月，接近彗星的该探测器释放出自己携带的一颗 372 千克的铜弹，以每秒 10.2 千米的速度撞了上去，产生了相当于 4.8 吨 TNT 爆炸当量的能量，在彗星表面砸出了一个直径大约 150 米的深坑。根据估计，这次撞击使彗星速度变化了 0.0001 毫米 / 秒，轨道变化了 10 厘米。这些数据看似微不足道，但若日积月累地进行的话，就能带来质的变化。

受此启发，2015 年，NASA 和欧洲航天局（ESA）联合制订了一个全新计划，目的就是要弄清用撞击法来防御小行星的实际效果究竟如何。他们计划先在 2021 年由 NASA 发射一枚名为"DART"的探测器，飞往 1100 万千米外的一个双小行星系，撞击其中一颗直径 160 米的较小的行星。之所以选择一个双小行星系统去撞击，是因为在这样的系统中，那颗小的行星会围着大的那颗行星旋转，整体上它们的运行速度要比一般小行星更慢，适合用来做实验。科学家推测，这次碰撞会使被撞的小行星速度改变大约 1%，而这已足够通过地面望远镜观测到了。4 年后，ESA 会再发射一枚名为"HERA"的探测器，前去观察和评估这次撞击结果，看最终影响是否能达到预期。

那么问题来了，这些模拟演习和假想敌小行星直径都在 200 米左右，如果我们碰到一个"国家杀手"或"洲际杀手"，撞击还有用吗？

这个问题要这样想：小行星体积越大，意味着我们能越早发现，越早处理。即使开始只能改变一点点，但将它拉入时间轴中，效果就明显了。科学家估算，如果我们能提前 10 年发现一颗将会撞上地球的小行星，那么只需将它的速度改变一百万分之一，就能完美地避开天地大冲撞了。对于人类来说，这将是一件无比幸运的事情。

"电推进"技术能让火箭更快吗？

如果你学过物理就会知道，根据牛顿第三定律，一个作用力必然会产生一个大小相等、方向相反的反作用力，火箭升天的推力就是这样产生的。到目前为止，火箭发射都是通过在火箭发动机内燃烧推进剂，形成向后喷出的高速射流来产生推力，推动火箭升空的。

1. 传统方法中的大问题

以上推动火箭升空的方法已经用了快一个世纪，但它一直存在一个很大的问题：火箭本身个头很大，可每次能运上天的东西却很少。因为想要摆脱地球引力的束缚，火箭就必须在很短时间内获得极高的速度。

你可以想象一下，蹲在起跑线上的短跑运动员，为了能在鸣枪后的一瞬间让自己产生极快的速度，就必须用最大的力量蹬向地面。火箭自然是没有腿的，但它也有个优点，就是能在起飞后把自己身上的"肉"甩掉。在越短的时间内甩掉越多的"肉"，它加速就越快。在这种情况下，如果想获得更快的速度，最好浑身上下装的都是可以甩掉的"肉"——能够完全燃烧掉的推进剂，甚至连火箭自身都可以烧掉或丢掉。

现在你明白了吧？火箭要运送那一点点对我们来说真正有用的东西，需要付出巨大牺牲！并且你也明白了，火箭要分成好几节，然后边飞边丢，目的就是把那些有用的东西送上太空。

以上就是火箭升空的传统方式，主要靠燃烧化学推进剂来前进。了解了上述知识，电推进技术就容易理解了，它是依靠电来把某些东西"丢掉"，然后获得反作用力，推动航天器前进。

2. 电推进技术让航天器速度更快

电推进技术背后的工作原理，就是我们熟知的牛顿第三定律，只不过这一次火箭要"丢掉"的东西要小得多，它"丢掉"的是离子，也就是失去或获得了电子的原子。应用电推进技术，即使航天器只携带一点点燃料，也可以用上很长时间。

你听说过霍尔推进器吗？它是电推进器中的一个典型代表，属于静电式推进器。我简单介绍一下，你就知道电推进技术的基本原理了。

在霍尔推进器内部，有一对相对垂直的电场和磁场，用于产生霍尔效应；在它的外部，有一个持续稳定的、放着电的电子源，其产生的电子会在霍尔效应作用下做圆周运动，形成一个环形电子束。当我们把推进剂（通常为惰性气体氙气）送入这个环形电子束里面之后，这些欢腾的电子就会跟推进剂发生猛烈碰撞，从而导致推进剂电离，最终在磁场作用下，这些被电离后的氙离子加速向后喷出，形成推力（如图 1-7 所示）。

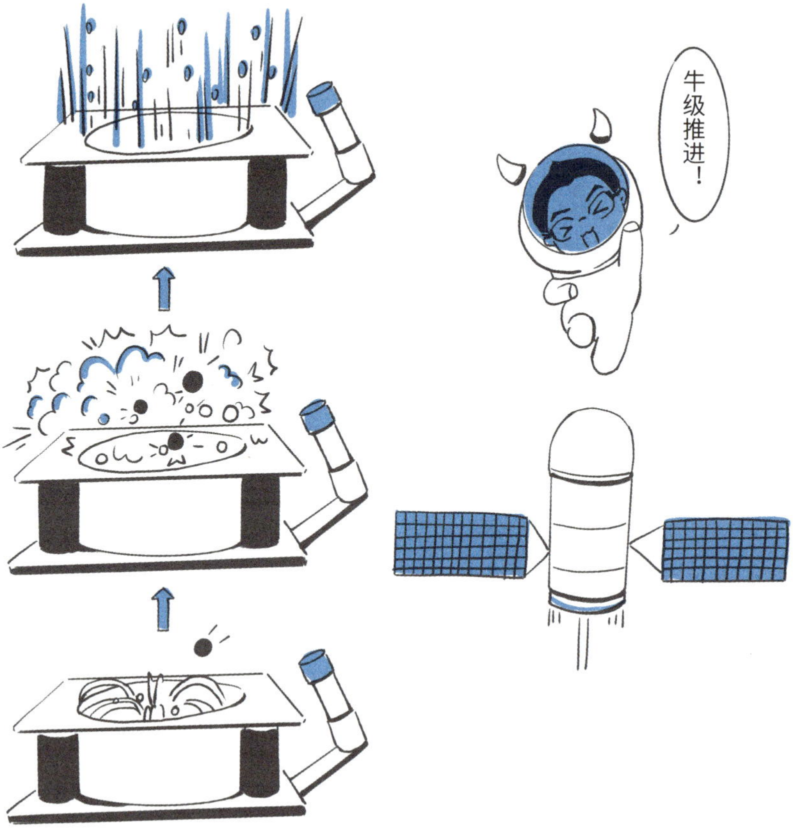

图 1-7

3. 电推进的推力到底有多大?

以 NASA 最新推出的镶嵌了三个环的 X3 霍尔推进器为例，这台打破了好几项世界纪录的推进器，产生的推力可以达到 5.4 牛顿。放在实际生活中，大约能举起 110 张 80 克的 A4 打印纸。

这么小的力量也能让航天器加速? 开玩笑吧!

道理很简单。以龟兔赛跑的故事为例，兔子有爆发力，一起跑就能跑得很快，但缺乏持久力；乌龟虽然没有爆发力，但却能坚持很长时间。传统推进器就像是一只具有爆发力的兔子，能一口气把航天器推入太空，但推进剂用完后就"泄气"了，航天器若要再次改变速度，只能依靠行星的引力。如果加上电推进技术，先依靠传统火箭将航天器推出大气层后，只需很少的推进剂就能实现航天器在太空中长时间不断加速，最后甚至能将航天器加速到每小时 80 万千米的速度。

现在，你知道科学家们为什么要研究电推进技术了吧？目的就是让航天器在太空中更有动力。如今，霍尔推进器已经应用到了我们的"天宫号"空间站上，实践效果就让我们拭目以待吧！

航天飞机是如何返回地面的?

2022 年 4 月 16 日，神舟十三号圆满完成了为期半年的飞行任务后，载着 3 名航天员在内蒙古东风着陆场成功着陆。欣喜之余，有的同学可能也在琢磨：远在几万米之上的航天飞机，到底是怎么返回地面的呢？

1. 航天飞机是从天上"掉下来"的

要知道，经过科学家计算，航天飞机的下降速度能达到每小时 190 千米，相当于自由落体的终端速度，所以说，航天飞机是正儿八经从天下掉下来的。讲到这里，有的同学可能会惊掉了下巴：从那么高的地方摔下来，那它岂不是会摔得粉身碎骨？事实上，我们看到的航天飞机不仅没有被摔碎，还能完好无损地着陆。现在，我就带着大家一起来揭秘航天飞机不可思议的降落过程。

举个例子，一架航天飞机降落的起点在垂直高度 300 ～ 700 千米的近地轨道，终点在美国佛罗里达东海岸肯尼迪航天中心的一条跑道上。在降落过程中，航天飞机需要做两件事：一是降低垂直高度，二是跨越水平距离。这两者都是靠借力完成的。降落借的是地心引力，跨越借的则是地球自转。

假设此时航天飞机正在南美洲上方以28000千米的时速，朝着与美国肯尼迪航天中心相反的方向绕行地球，它要怎么做才能飞到肯尼迪航天中心的上空呢？理论上，它可以像汽车一样打个转向灯，直接拐个弯飞过去。但在太空中转弯全靠发动机，打开发动机就意味着烧燃料，而燃料罐早在起飞不久就与机身脱离了。此时，只有轨道机动发动机里还剩一点点燃料，它的作用有两个：一是在发射的最后阶段，当三大引擎全部"断粮"后，最后再推一把，把航天飞机送到最终轨道上；二是当任务执行完毕需要返回时，反推一把，把航天飞机的速度降低一点，好让它能够开始往下掉。

所以，航天飞机既没有足够多的燃料来拐弯，也不需要拐弯，如果真拐弯了，就别想返回地球了。这时最好的做法就是什么都不做，坐等地球自己转过来。也就是说，等到航天飞机来到肯尼迪航天中心的上空，就可以把轨道机动发动机里面的燃料全部烧光，然后掉头，与地球自转方向一致，并开始减速，准备下落。

2. 航天飞机如何掉头？

看到这里，很多同学会提出另外一个问题：航天飞机是怎么完成掉头的呢？其实，它是依靠机鼻和机尾上分布的几十个小型推进器反推来完成掉头的。

当反推结束后，航天飞机的时速就降到了400千米，足够其脱离轨道开始下落。接下来的操作就是滑翔了，半个小时后飞机进入大气层，此时时速为27500千米。如此高的速度会让飞机与大气层产生剧烈摩擦，而航天飞机正好利用这个摩擦进行减速。这时候，机头大约会翘起40度，让腹部冲着前方的空气，以便达到最好的减速效果（如图1-8所示）。此时，航天飞机看上去就像是被包裹在一个火球中，它之所以没有被烧化，是因为机腹上盖着两万块具有绝佳隔热性能的硅

图 1-8

板，机鼻和机翼前缘部分覆盖着碳 - 碳复合材料。

靠着与空气摩擦，航天飞机的速度慢慢降了下来。如果不出意外，肯尼迪航天中心的跑道可以在下方静静地等待航天飞机的归来了。

3. 升力是飞机下降最大的麻烦

然而，航天飞机降落并没有这么容易。飞机降低高度的同时，周围的空气密度也在升高，此时，机翼会遇到一点麻烦——升力开始增大。对于这个长着翅膀的返回器而言，有升力是很麻烦的。如果任由升力增大，返回器会被重新推出大气层，然后像打水漂一样不知道漂到哪里去，航天员很可能就再也回不到地球了。

如果像上面讲的那样，通过抬高机头来减少升力，就有可能产生超过隔热材料吸收极限的高温，将整架航天飞机熔化掉。所以，这时候只有改变升力的方向才能减少升力。升力的方向是垂直于机翼向上的，如果我们把航天飞机侧过来，自然就改变了升力的方向，侧得越厉害，升力在垂直方向上的作用也就越小。但机身侧过来，升力就会把航天飞机推向侧面。航天飞机正是通过左侧一侧、右侧一侧，划出了一条完美的下降波浪线（如图 1-9 所示）。

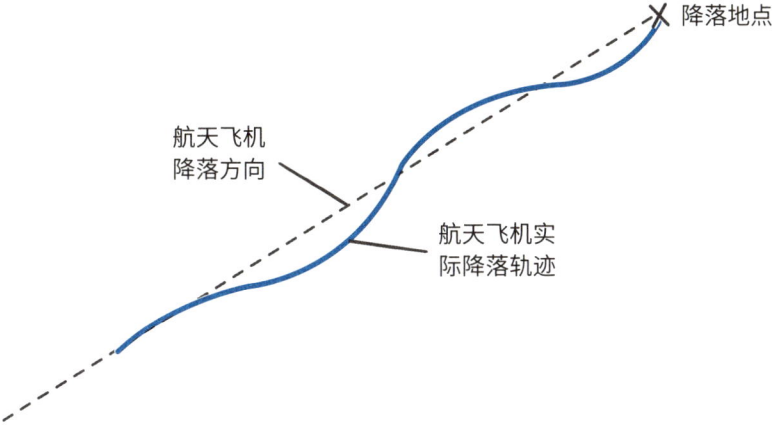

图 1-9

经过一系列的操作，航天飞机的时速降到了 2750 千米左右，正式变身为一架普通飞机。机上由 5 台电脑组成的飞行控制系统，通过调整副翼和尾舵来有限地控制航天飞机的翻滚、偏航和俯仰，甚至还能把尾舵分成两半，变成一个减速器。

当来到 3000 米的高度时，航天飞机完成最后一次转向，就开始对准下面的跑道俯冲了。航天飞机滑行路线与地面的夹角是 20 度，时速是 550 千米，比高铁的速度还快。

在只剩几百米的时候，航天飞机会再次将机头拉起，像在大气层顶端那样，用速度换阻力，最终降到时速 360 千米的触地速度，然后继续滑行 5 千米，就停下来了。

以上就是航天飞机的降落过程，是不是很神奇？也正是因为有了这些神奇的操作，才保证了航天员能够安全"回家"。

NASA 隐瞒的火星真相

1976 年 7 月和 9 月，美国国家航空航天局的海盗 1 号和海盗 2 号分别成功着陆火星。它们先后两次重复了同样的实验后都发现了火星生命可能存在的证据。但美国国家航空航天局对此却一直不肯承认。那么，他们究竟隐瞒了什么呢？接下来，我们就来探讨一下这件事情。

1. "海盗" 的三项实验

我们先来看看当年海盗系列探测器究竟在火星上做了什么实验。自从 1965 年水手 4 号探测器拍下了历史上第一张火星特写开始，美国国家航空航天局就在谋划更多的探测任务，从天气过程到土壤成分，几乎应有尽有，其中最大胆的任务就是在火星上寻找地外生命的线索。

于是，对于承担该任务的海盗系列探测器，科学家在其生命科学实验模块的设计上格外卖力。除了配备必不可少的气相色谱仪和质谱仪，还增设了三项生物实验。也正是这三项实验中的一项，给了科学家足够的惊喜。

这三项实验分别是气体交换实验、热解释放实验和标记物释放实验，我们可以通俗地概括一下做这三项实验的依据——微生物也要"排便"。如果火星上确实有微生物存在，而且它们还跟科学家想的一样吃了东西会"排便"，那么找到这样的"粪便"，就能证明火星生物的存在。这一逻辑链是走得通的，所以海盗1号探测器便带上了科学家们送给火星生物的"见面礼"——精心熬制的肉汤。

海盗1号一落地，科学家就马上进行实验。第一项实验是"气体交换实验"，就是将火星土壤样本装进实验舱里，然后抽走其中的火星大气，用氦气来代替。接着，将作为营养液的肉汤喷入土壤，再加入纯净水。经过多日的实验，令人遗憾的是，科学家得出了否定的结论。

接着进行第二项"热解释放实验"，就是在土壤样本中加入水，并提供人造光源和含有放射性碳-14的合成火星大气，来形成一个微型的生态系统。经过数天培养后，还是没有检测到碳-14。

之后，科学家们把所有的希望都寄托在了第三个实验"标记物释放实验"上。这个实验跟第一个实验比较类似，只不过这次在肉汤中加入了放射性碳-14。很快，科学家们就测量到了有放射性的二氧化碳出现，这可能意味着有微生物正在消化那些带了放射性的肉汤。

此时，科学家们还要等待最后一个实验步骤，那就是在一周后通过加热对实验舱进行彻底清洁，并在清洁后的土壤样本上重复这次实验。这样做的目的是要排除因非生命原因产生放射性二氧化碳的可能性。因为加热后的样本中肯定已经不包含任何生命了，如果同样的实验没有放射性二氧化碳产生，则说明之前的放射性二氧化碳肯定跟生命活动有关。结果正如预期，于是一些科学家得出了一个结论：火星土壤里存在微生物。这一结论让该实验的首席科学家吉尔伯特·莱文（Gilbert Levin）兴奋不已，在他看来，火星生命已经被找到了。

2. 莱文和霍洛维茨的对立

虽然这次实验有了重大的发现，但同时也出现了反对的声音。负责"热解释放实验"的科学家诺尔曼·霍洛维茨（Norman Horowitz）认为，这不过是火星土壤中的氧化物跟营养液中的水发生了化学反应造成的。

尽管两个月后到达的海盗 2 号也用同样的实验得出了同样的结论，但没能改变霍洛维茨的反对观点。从此，莱文和霍洛维茨极其坚决地站到了对立面上：一个坚持说火星上有生命，另一个坚持说这不是生命。

不知道大家会支持哪一方，但至少我会怀疑：营养液中的水和火星土壤中的氧化物会发生反应，这是很容易被科学家预见到的。如果他们偏偏选了一种很容易生成的物质来作为标记物，那么岂不是在一开始就设计了一个没用的实验？我不认为美国国家航空航天局的科学家和主管们会平白无故这样做，所以理性让我相信莱文是对的。

莱文也始终坚持自己的主张。只不过从那以后，美国国家航空航天局把工作重点放在了他们认为更优先的事项上面。这件事就显得有些蹊跷了，因为寻找地外生命一直以来都是他们优先级别最高的工作选择。

航天飞机在太空出现故障怎么办?

相信有很多同学看到载人火箭成功发射之后的画面都会非常兴奋，但同时，也多少会在心里捏一把汗，因为火箭发射成功只是航天任务的第一步，未来的太空之旅还会有更多艰难的任务在等着航天员，比如航天器遇到突发状况等。那时候该怎么办呢?

并不是大家在杞人忧天，历史上的确发生过类似的情况。

1. 哥伦比亚号航天飞机事故

相信很多同学听说过美国哥伦比亚号航天飞机事故。那场空难造成了机上 7 名航天员全部遇难，可以说是人类航天史上最重大的灾难。

其实，这场灾难本来是有可能避免的。现在，让我先来简单还原一下整个事件的经过。

2003 年 1 月 16 日，美国哥伦比亚号航天飞机第 28 次从肯尼迪航天中心发射升空。一切看起来都是那么轻车熟路，随着航天飞机的加速，机身、助推火箭、燃料箱都与空气剧烈地摩擦着。在哥伦比亚号升空大约 80 秒时，地面摄像机拍到了一片隔热泡沫从燃料箱脱落，并击中机翼的影像。

第二天，工作人员发现了这个问题，并当即向管理团队提交了报告。经过研究分析，管理团队认为这点问题影响不到飞行安全，所以只是以较低的优先级来处理这件事。这样安排是有充分的理由的，以前至少有 65 架航天飞机被拍到过泡沫脱落，但它们最终都安全降落了。所以，这次的泡沫脱落又有什么好紧张的？

航天飞机上，7 名航天员不知道外面的情况，照常进行他们的实验。1 月 23 日，他们收到了一封来自地面控制中心的邮件，信中说："在升空大约 80 秒时，燃料箱上脱落的隔热泡沫碎片撞击了飞机左翼下表面。专家已经对高速摄影影像进行了审查，无须担心碳纤维板和隔热瓦有损坏，所以不用担心。"航天员完全相信地面专家的分析，所以计划保持不变。

2003 年 2 月 1 日，哥伦比亚号航天飞机开始返航。初入大气层时，一切似乎都很正常，但几分钟后，各种传感器的警告灯开始闪烁，尤其是左翼温度传感器的警告灯。这时，地面上已经监测到那块在发射时被泡沫撞到的隔热瓦正在脱落。失去了隔热瓦的保护，超高温气体迅速进入机体，从里面开始撕裂整架航天飞机。我们很难想象当时 7 名航天员所面临的恐惧和绝望。很快，飞船解体，地面控制中心失去了与它的联系，大量飞船碎片在空中散落。

这就是整个事件的经过。

后来，美国国家航空航天局经过调查研究后认定，这是一次管理层的疏忽和材料使用不当导致的灾难。有的同学可能会问：如果地面控制中心认真对待那块隔热泡沫，能不能避免这场灾难呢？

事故发生后，哥伦比亚号事故调查委员会做过假设：如果美国国家航空航天局在发现泡沫撞击的当天就足够重视并及时采取补救行动，这 7 名航天员是有可能获救的。

那么，在数万米的高空中，怎样去营救呢？通常来说，太空营救分为在轨维修的自救和发射另一架航天飞机进行他救两种。假设，美国国家航空航天局在第一时间就通知航天飞机上的航天员，让他们做好采取下一步行动的准备，然后马上调用间谍卫星快速获取受损位置的图像，任务中心就能确切地知道受损部位会不会对航天飞机造成实际的威胁。

2. 航天员的自救

航天飞机升空后，如果航天员遇到危险，有两条救援通道可以同步开启：一方面，航天员进行在轨维修的自救，就是走出舱，到达受损部位做进一步检查；另一方面，地面上的另一架航天飞机简化流程，马上进入发射准备阶段。

在轨维修时，由于这 7 名航天员没有国际空间站那种带机动装置的航天服，所以他们必须两人一组同时出舱，一个人挂在打开的货舱盖上，另一个人则紧紧地抓住第一个人的脚，才能接近受损的位置。

我们不难想象这样做有多危险。但相对于收益，所冒的风险还是值得的。如果航天员查看、评估后认为有维修的可能性，他们可以就地取材，使用航天飞机上现成的材料进行修理，如钛带、隔热毯、货舱隔热衬套。

修理的思路很简单，就是把钛带和隔热衬套塞进机翼隔热瓦受损的破洞里，紧紧地填满从隔热瓦表面到翼梁间的空隙，再用隔热毯从外面包裹起来，做成一个临时的防护装置。当然，这毕竟是临时混搭而成的，其防护能力有很大的不确定性。航天飞机上的组员无法准确地评估，而无法准确评估就意味着无法确保其安全性。所以，看起来在轨维修并不可行，那就得依赖地面救援了。

3. 沉默的地面救援

2003年1月19日，另一架航天飞机亚特兰蒂斯号正在为3月1日的国际空间站之行做准备，如果此时它马上调整目标，并最快于2月9日发射升空，就有可能协助哥伦比亚号航天飞机回家了。但是，没有人能确定亚特兰蒂斯号不会被泡沫撞到，如果两机的遭遇一样，就都回不来了。

事已至此，哥伦比亚号早已退役，我们只能纪念那些伟大的航天工作者曾为人类太空探索所做出的牺牲和贡献。

为什么有的火箭镂空一截儿?

如果把我国长征系列火箭摆成一排，我们就会发现一个奇怪的地方，有的火箭中间有一截儿镂空，比如长征二号、长征三号，而有的则没有镂空，比如长征五号、长征七号。那么，为什么有的火箭上会有镂空的一截儿? 这到底能起到什么作用呢? 下面我们就来详细了解一下。

1. 火箭长什么样?

要想了解为什么有些火箭有一截儿是镂空的，就要先了解火箭的结构。现代火箭绝大部分采用的都是多级设计，除捆绑上助推器以外，火箭的本体，就是中间那根大圆柱，也可能会分成几段（即"级"）。每一级都有各自的燃料箱和发动机，烧完一级就扔掉一级，一边飞行一边减重，把最宝贵的运载重量留给火箭头，因为那里有我们真正想要放到轨道上的装置和设备。所以，火箭各级的分离是非常重要的环节。但这也是难度很高的环节。

有的同学可能会有点儿疑惑：分离不就是把上下两级分开吗，这有什么难的? 其实说它难，主要是难在火箭所使用的液体燃料上。从火箭的结构上看，燃料箱在发动机的上面，不管里面装的是液氧液氢、液氧煤油还是液氧甲烷，它们都是通过位于燃料箱底部的管路输送到下面的发动机里面的。这就要求燃料必须始终紧贴燃料箱的底部，否则发动机就抽不到燃料。

2. 不安分的燃料

如果是在地面上，液体燃料输入发动机不是问题，仅靠地心引力就可以做到这一点。在火箭最初上升阶段也不是问题，因为加速度和惯性可以把燃料稳稳地压在燃料箱底部。但是，当火箭的第一级和第二级分离时，问题就出现了。在第一级关机时，火箭会短暂地失去动力，加速状态也会暂时中止。此时，第二级燃料箱里面的燃料就会在失去加速度的压制后乱飞起来。

如果此时贸然启动第二级的发动机，就有可能导致管路进气，引发故障，这是我们绝不希望看到的。

所以，为了让燃料重新沉到燃料箱底部或者始终在底部，设计者提出了两种截然不同的解决方案：热分离和冷分离。

3. 热分离

所谓热分离，就是先点火，再分离。即在第一级火箭还没有关机时就让第二级火箭点火，当第二级火箭正常工作时，第一级的燃料也刚好燃尽。然后，用爆炸螺栓启动脱离，把第一级火箭丢掉，而且第二级火箭喷出的热气还能将第一级推远，也避免了发生碰撞的危险。这样做的好处是，在一、二级传递"交接棒"时，火箭始终没有失去加速度，燃料也始终是沉底的，不用担心第二级火箭的发动机有燃料断供的风险。因为在火箭的第一级和第二级还没有分开时，第二级就已经点火了，如果我们采用的是完全密封的箭身，燃烧产生的气体就无法释放出来，所以，箭身中间要镂空。

但是，热分离方案也有两个缺点：第一，由于第二级喷火时第一级还连在下面，为了防止第一级燃料箱被烧坏，还必须做一些特殊的隔热处理，这就增加了火箭的重量；第二，由于分离时第一级还有推力，如果其产生的加速度高于第二级所产生的加速度，将导致两级无法完全分离，使火箭偏离轨道，最终任务会失败。其实，早期的火箭两级一旦分离，它们之间的信号就会被切断，所以哪怕知道第一级的加速度过大，第二级也很难再控制和处理了。

4. 冷分离

冷分离，就是先分离，再点火。为了让乱飘起来的燃料顺利沉底，通常会用到装在两级间的级间段上的小型推进器。

比如，我国长征五号火箭的分离方式大体如下：

首先，第一级发动机关机，此时加速度消失，燃料箱里面的燃料开始飘起来。接着，小型推进器点火、工作，开始提供正推力。此时，火箭已经位于低重力环境，只需要一点儿小的加速度，就能使燃料再次沉底。然后，第一级上的爆炸螺栓起爆，同时打开反推火箭，将第一级主动推开。此时，还剩级间段连着第二级。接下来，在级间段上会弹出几根推杆，用反作用力实现同第二级的分离，这也避免了在分离过程中碰到裸露在外的发动机零件。级间段脱离完成之后，开始点燃第二级发动机，整个冷分离也到此结束。

以上就是火箭的两种分离方式。相比热分离，冷分离的过程要复杂很多，冷分离火箭的研发和制造难度也比热分离火箭高出很多。但是，由于可控的步骤变多了，分离的精度也就提升了，就不容易出现轨道偏移的失误。

　　这大概也是即使需要克服再多困难，我国也要在新一代长征五号、长征七号火箭上使用冷分离的原因吧！

哈勃的"太空乌龙"

但凡经历过胶卷相机年代的人，很少有人不知道"柯达"这个品牌。不相信的话，同学们可以向自己的爸爸妈妈、爷爷奶奶打听打听。

其实，美国柯达公司不仅生产胶卷、相机，还生产镜头。很多人不知道，柯达公司曾经生产了一面用于哈勃太空望远镜的主反光镜。可惜的是，这面镜子从来就没有上过太空，至今还被陈列在美国国家航空航天博物馆里。

尽管柯达制作的反光镜相当完美，但最后被哈勃带上天的，却是由另一家光学大厂珀金埃尔默所生产的有瑕疵的镜子。这是不是很讽刺？那么，为什么美国国家航空航天局会把一枚有瑕疵的镜子发射到太空呢？如此低级的失误究竟是怎么发生的呢？接下来，我们就来了解一下这背后的故事。

1. 启动"哈勃"

我们把时间拉回到 1970 年，由于此前轨道天文台计划的成功，美国国家航空航天局信心倍增，正式启动太空望远镜项目。1977 年，在经历诸多波折之后，NASA 终于获得了建造太空望远镜所需要的 3 亿美元资金，预计建造周期 6 年左右，同时这台太空望远镜也有了自己的名字——哈勃，用以纪念发现宇宙膨胀论的美国天文学家埃德温·哈勃（Edwin Hubble）。

有了资金支持，生产正式启动。

作为整台望远镜的核心，主反光镜的制造显得尤为重要，它的主要作用是汇聚光线，也就是将从镜筒收集到的光线反射到一面较小的反光镜上，后者再将光线进一步反射到哈勃的各种成像仪器上。之所以要反射两次，是为了在尽可能短的镜筒里装下尽可能长的焦距（如图 1-10 所示）。为了将射到主反光镜任何部分的光线都完美地汇聚在一个点上，主反光镜就需要被抛光成一个精度达到 10 纳米的曲面才行。而主反光镜的直径是 2.5 米，2.5 亿倍于抛光精度，难度可想而知。

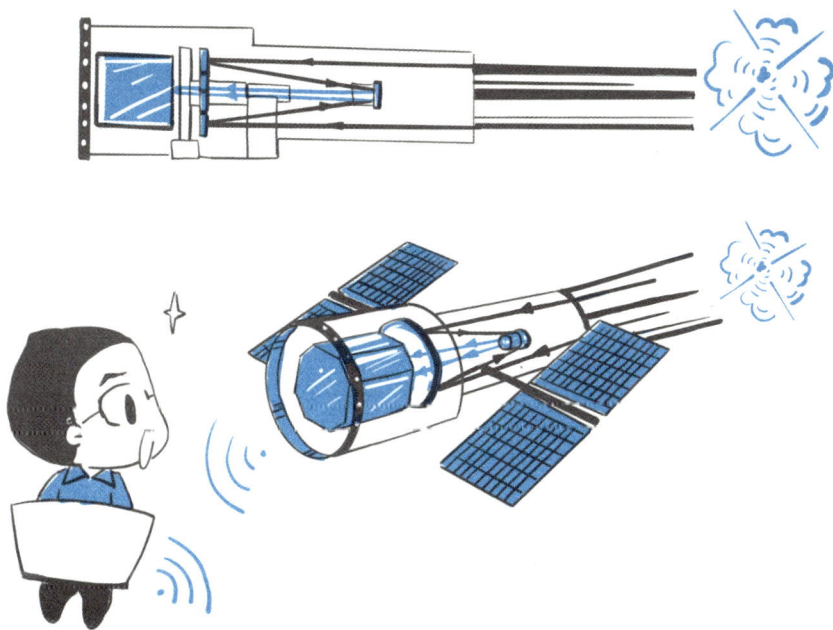

图 1-10

承担这个重任的是世界上最大的分析仪器生产制造商——珀金埃尔默。为了让美国国家航空航天局满意，珀金埃尔默也放出了自己的大绝招——用特殊定制的计算机自动化抛光镜面。这种技术现在不算什么，但在当时绝对是一项超级前沿的科技，而且也是最有希望达到 10 纳米精度的工艺。为保险起见，美国国家航空航天局同时也要求他们必须将一部分的生产转包出去，制造一面备用的主反光镜出来。

2. 柯达陪跑

珀金埃尔默经过多方研判，这个机会最终落到在光学镜头生产方面积累了丰富经验的柯达身上，而柯达表示将会采用手工打磨的方式来制造这面反光镜。就这样，1979 年，两家公司同步生产主反光镜。当时，柯达建议，两家公司交叉检查对方所生产的镜子，以便确保万无一失。但珀金埃尔默并不认同，在他们看来，柯达扮演的就是一个陪跑的角色，做做样子就可以了。

1981 年年底，经历了两年艰难打磨后，珀金埃尔默终于将一整块超低膨胀的玻璃变成了一面下凹的抛物面镜。在清洗和镀上一层高反射率的铝膜之后，这面主反光镜就完成了。

当然，这时候不能马上投入使用，还需要通过一系列非常严格的测试。测试主要包含两个方面：一是看它对环境的耐受程度如何，毕竟火箭发射时的震动和太空中的恶劣环境对它都是不小的考验，最终它顺利通过了测试；二是看它的研磨精度是否达到设计的要求。科学家用了一个叫作"零像差矫正器"的设备来对镜片进行检查。理论上，当把它放置在哈勃主反光镜上方 11 米的地方，打入一束激光后，会在镜面上生成一片平直的波阵面条纹，这说明镜面的打磨没有问题；

如果出现的是扭曲的条纹，则说明镜面有问题。测试的结果同样完美，显然，柯达的反光镜真的成了一个多余的摆设，直接被放入了仓库。

3. 令人尴尬的结果

但是，让所有人没有想到的是，在1990年哈勃上天后，拍摄的效果却让人大跌眼镜——照片的模糊状态令人惊讶，一时间世界哗然，美国国家航空航天局沮丧到了极点。后来经过仔细检查，他们发现自己犯了一个极其"完美"的错误。前面提到过的"零像差矫正器"里面也装着几面反光镜，测试时，工程师在安装其中一面反光镜时，装歪了一点点，结果正好完美地矫正了哈勃主反光镜上出现的误差，把原本应该是扭曲的纹路给拉直了，真可谓无巧不成书。

这个时候有人想起了仓库里那面柯达反光镜，拿出来一检测，发现它才是真正完美的。可惜已经太迟了，在轨更换主反光镜是不现实的，唯一能做的就是把这一测试时犯下的"完美错误"复制到太空中。在拖了两年、多花了巨额经费后，戴上矫正镜的哈勃望远镜终于可以正常工作了。

30多年过去了，哈勃望远镜取得的无数成就让人们渐渐淡忘了当初那段差点儿把它拖入深渊的插曲。但在我看来，即使全世界都遗忘了，柯达肯定是不会遗忘的。如果时光逆转，珀金埃尔默同意了柯达的交叉检查建议，哈勃也用上了柯达的镜子，柯达很可能还会持续辉煌很久。

用望远镜能看到人类登月遗迹吗？

人类真的登上过月球吗？相信很多同学对这件事情也十分好奇。其实，很多人始终怀疑美国在这件事情上撒了一个弥天大谎，并提出了很多相关的证据。

我们先不讨论美国是否说了谎，假设当年的阿波罗 11 号成功登陆了月球，也在月球上留下了着陆器，那为什么我们从来没有在望远镜当中看到过它们呢？我们都知道，跟其他星球相比，月球离地球并不算远，现代的太空望远镜技术又如此先进，我们似乎没有理由看不到它们。那这到底是怎么回事呢？下面，我就带大家来探究一下其中的真相。

1. 月球离地球有多远？

据测算，月球跟地球之间的距离有 38 万多千米，这意味着在地球和月球之间可以依次排开太阳系内的其余七大行星（如图 1-11 所示）。同学们可以想象一下，如果真的出现了这样的场景，那我们的天空应该是非常有趣的。

阿波罗月球着陆器大概有 4 米多宽，如果把它放在我们眼前，我们会觉得它很大。但是，如果把它放在 38 万多千米以外，无异于从南京看一枚掉落在成都地

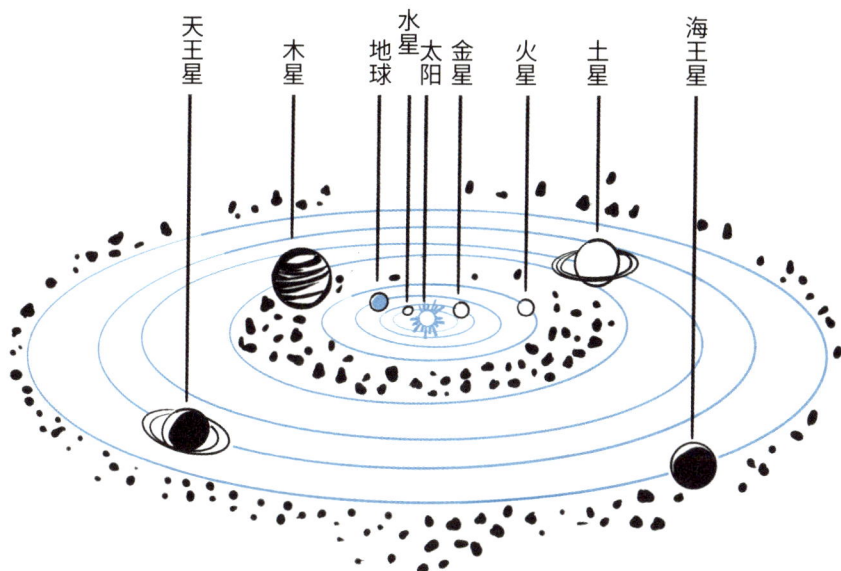

天王星　木星　地球　水星　太阳　金星　火星　土星　海王星

图 1-11

面上的一元硬币，我们还能看到它吗？或者说，我们需要借助什么样的望远镜才能看到它呢？

2. 哈勃望远镜可以看到人类登月遗迹吗？

看到这里，有的同学可能会说：我们有哈勃望远镜，它那么强大，数百万光年远的星系，在它的镜头下都清晰可辨。相比之下，"眼皮子底下"的月亮在它面前不应该纤毫毕现吗？

这么想也不是没有道理，但是在回答这个问题之前，我要提一个大家应该很熟悉的东西——分辨率。我们都知道，分辨率越高，画面越清晰。哈勃望远镜的确能够看到遥远的星空中发出的暗淡光芒，但是，你们知道那些遥远光芒背后的星系有多么巨大吗?

举个例子,在哈勃望远镜的镜头下,身处200万光年外的仙女座星系清晰可见。但你们知道仙女座星系有多大吗?它的宽度足足有22万光年。这样一比较,200万光年的距离就不算太远了,所以哈勃望远镜用它直径2.4米的反光镜拍出仙女座的高分辨率画面也就不奇怪了。

那么,如果把哈勃望远镜的镜头转过来对准月球,会呈现出怎样的分辨率呢?在紫外线波段,一个像素能覆盖月球表面约43米的宽度,而到了波长更长的可见光波段,一个像素的宽度则增加到了大约90米。光线的波长越长,分辨率就会越低。而阿波罗着陆器的宽度只有4米多,所以它完完全全隐藏在了一个像素里,无法分辨。

3. 缩短距离可以看到着陆器

物理规则告诉我们,若要提高分辨率,要么缩短距离,要么提高望远镜的口径。目前,地球上口径最大的光学望远镜是位于大西洋拉帕尔马岛上的加那利大型望远镜,它拥有直径10.4米的反光镜,只能把月球上一个像素点的最小尺寸减小到20米左右,而且还只是在波长更短的不可见光波段。

而实际上,若要在地面上模糊地看到阿波罗着陆器的几个像素点,也需要口径达到100米以上的光学望远镜。这样的望远镜目前尚且不存在。那么,想要看清月亮上的着陆器,就只剩缩短距离这条路了。

2009年,月球勘测轨道器发射升空,它运行在距离月球表面50千米的轨道上,用于拍摄和勘测月球,为人类再次登上月球提前做好准备。

尽管它携带的镜头要小得多,但因为距离月球只有50千米,完全可以拍摄出分辨率高达 0.5 米的图片。因此，在它的镜头下，阿波罗着陆器立刻清晰可辨了，就连当年航天员在着陆器附近留下的那些活动痕迹都一一呈现了出来，比如月球车碾出来的车辙，依旧待在原地的一些科学仪器，甚至还有插在月面的旗帜的阴影。

所以，用望远镜是看不到人类登月遗迹的，若要勘测到月球上的人类登月遗迹，就必须缩短勘测距离。这回你知道了吧？

神奇的詹姆斯·韦伯太空望远镜

2021 年 12 月 25 日，美国詹姆斯·韦伯太空望远镜于法属圭亚那库鲁航天中心发射升空，并顺利进入围绕日地系统第二拉格朗日点（拉格朗日 L2）的运行轨道。它的质量为 6.2 吨，造价高达百亿美元，业内称其为"天文学吞噬者"，是迄今为止性能最强的太空望远镜。詹姆斯·韦伯太空望远镜的主反射镜由铍制成，从外表来看像是一面巨大的金色镜子。

作为整个望远镜的核心部件，这个大镜子究竟有什么神奇的地方？我们一起来看看吧。

1. 由 18 个小六边镜组成的大镜子

作为人类次世代的"大玩具"，詹姆斯·韦伯太空望远镜有四大任务：观察第一个星系，研究星系的演化，了解恒星的生命周期，寻找其他的世界。大家是不是对最后一个任务最感兴趣？但要完成这个任务并不容易，它必须具备两个重要的条件——"大"和"冷"。

只有大，才能收集到足够多的光，才能把 138 亿年前宇宙大爆炸之初形成的第一批星系传来的光"兜"住。詹姆斯·韦伯太空望远镜的主镜直径达到 6.5 米，面积比哈勃望远镜还大了 4.5 倍。即便如此，它每秒钟也只能收集到大约一个来自遥远过去的光子。所以可想而知，要把 138 亿年前的光"兜"住，是一件多么难的事情。

为了使自己足够大，詹姆斯·韦伯望远镜的主镜是由 18 块六边形镜片组合而成的。

2. 用五层隔热膜来隔开热量

我们都知道，宇宙一直在膨胀，光子也早就被拉扯到了超出我们肉眼可见光范围的红外区域了，所以詹姆斯·韦伯望远镜实际上看到的是红外线。

所以这时，"冷"就显得十分重要了。因为只要有热，就会辐射出红外线。而当你去探测别人发出来的红外线的时候，有可能看到的全是自己发出来的红外线。但是，拉格朗日 L2 正好在地球背对太阳的一侧，可以由地球挡住太阳的照射，进而形成一个温度较低、红外干扰较少的相对纯净的空间。这也就解释了詹姆斯·韦伯望远镜跑到那么远的拉格朗日 L2 位置上的目的——躲避太阳、地球和月球辐射出来的热量。

之所以展开五层隔热膜而让镜子躲在其背后，也是出于同样的目的。那么，为什么要用五层薄的隔热膜而不用一层厚的呢？

通常，热的传递方式有三种：传导、辐射和对流。在真空的太空，只有辐射可以传递热，所以能提供辐射的面积就显得很重要。虽然每一层膜把大量的热都向外辐射掉了，但还是有一部分热通过膜自身的传导从外表面来到内表面，从内表面再向内辐射。于是，这个热就会跑到下一层的隔热膜上面去。

　　为了将热辐射出去，经过严格计算，每一层膜之间的间隔与排列角度能使热射线像乒乓球那样不断反弹，最后从旁边溜出去（如图 1-12 所示）。

　　詹姆斯·韦伯太空望远镜底座两侧对称装有两个这样的五层膜结构，通过这样的方式，将镜子表面的温度控制在 -233℃左右。

图 1-12

3. 像外星科技产品一样的制冷器

对于红外感光元件而言，仅仅隔热还是不够的，它要运行在一个只能比绝对零度高7℃的不可思议的超低温环境里面才行。为此，美国国家航空航天局花费1.5亿美元，研发出一台犹如外星科技产品一样的制冷器。

这台机器利用声波压缩一段绝缘管子里面的氦气，使这些氦气在其中形成温度差。因为声波就是压力波，而气体的压力正好跟温度成正比。然后再将两个换热器分别插在这段氦气一冷一热的两边，一边连着隔热膜，将热量带出去辐射掉，另外一边连着红外传感器，为它进行持续降温。

正是因为有了"大"和"冷"这两个条件，詹姆斯·韦伯太空望远镜才能完成一个又一个看似不可能完成的任务。

宇宙大爆炸

你知道什么是宇宙吗？科学的解释是，宇宙是所有空间、时间、物质的总称，泛指物质和时空。那你知道宇宙的奥秘吗？宇宙有没有前世呢？

在相对论中，宇宙起源于奇点，没有前世。但是，在另外一个宇宙模型——圈量子引力宇宙模型中，它或许是有前世的。

1. 大爆炸的奇点

科学界普遍认为，宇宙起源于一次大爆炸，这一理论基于一个简单的观测事实，那就是宇宙当中的星系都是相互远离的。

所谓的宇宙大爆炸，通常是指宇宙在过去有限的时间之前，由一个密度极大且温度极高的太初状态[1]演变而来的过程。也就是说，如果逆着时间退回去，所有的星系或者它们的前身都必然会在大约 138 亿年前的某一刻汇聚在一起，形成一个密度无限大、体积无限小的点，这个点就叫作"大爆炸的奇点"。

---

1 一种比混沌更原始的宇宙状态。

那么究竟什么是奇点呢？在物理学上，奇点是指时空开始无限弯曲的那一个点，即宇宙产生之初由爆炸而形成宇宙的那一点，这大概就是我们能够想到的最无法理解的东西了。实际上，科学家也这么认为。或许，他们从一开始就没有真的相信过，会有一个密度无穷大的点存在。

既然爱因斯坦的广义相对论预言了奇点的存在，这就说明相对论本身是不完善的，科学家还要不停地探索才行，圈量子引力论就是其中一个探索结果。

圈量子引力论认为，时间并不是从大爆炸的那一刻起才开始的，而是可以延展到大爆炸之前。或许在大爆炸之前，宇宙的前世先是经历了一场可怕的大坍缩[1]，当密度达到最高点之后发生了逆转，导致了一场大反弹，进而触发了我们今天认为的大爆炸。

2. 如果有另外一个宇宙，会是什么样子？

试想一下，如果在我们现在的这个宇宙形成之前还有另外一个宇宙存在，它会是什么样子的呢？而在那个宇宙当中，会有另外一个"你"存在吗？你也一定很好奇吧。

对此，科学家也做出了一些合理的猜测。简单地说，反弹前宇宙中的时空区域，与如今宇宙中的时空区域互为镜像存在。什么是镜像存在？比如反弹后表现为自旋向下的粒子，在前世宇宙中就是自旋向上的。举个例子，我们可以想象一下翻自己的袜子，把袜子从里向外翻过来，翻过来的袜子口是不是朝向另一边了？这就是所谓的镜像世界。

1　指恒星的物质收缩而挤压在一起。

那么，镜像世界真实存在吗？有的同学可能看过《爱丽丝镜中漫游记》，主人公爱丽丝在梦中走进了镜中的世界，镜中的一切都是左右翻转的，她在那里经历了种种神奇虚幻的事情。当然，这只是童话。但是，从物理层面来讲，一个所有事物都左右翻转的世界或许存在。

那我们是不是也可以这样理解：如果今世宇宙中已经有一个镜像后的"我"，那么在前世宇宙中是不是也应该存在一个镜像前的"我"？否则拿什么来翻转成"我"现在的样子呢？

试想，如果真的存在另一个宇宙，并且那个宇宙里有另一个"你"，那么你希望那个"你"是什么样子的呢？反正，我希望那个"我"只不过是个左撇子，而不是一个奇怪生物。你也来打开思路，进行大胆猜测吧！

在太空中开一炮会怎么样?

喜欢枪械的同学，你们有没有想象过，如果在太空中开一枪，会发生什么事情呢？有没有人在太空开过枪我不知道，但我知道苏联人在太空中开过炮。他们曾把一门射速每分钟 2600 发的 23 毫米口径里克特 R-23 机炮，装在伪装成礼炮号空间站的金刚石载人轨道站上，并成功进行了发射，成为已知的人类在太空当中打响的第一炮。

那么，为什么苏联人要在自己的空间站上装上一门炮呢？这门炮在开火之后究竟又发生了什么？下面，我们就一起来聊聊这里面的故事。

1. 短命的"MOL 计划"

20 世纪 60 年代，美国和苏联在让自己的侦察机和轰炸机越飞越高后，明白了一个道理，那就是：站得越高，不仅看得越远，还能打得越远。于是，在有了把人类成功送上太空的经历之后，他们开始思考，如何在太空部署自己的军事力量。就这样，一系列军用载人航天器，比如轨道轰炸机、轨道拦截机等，被列入了设计目标。

很快，美国便制订了载人轨道实验室"MOL 计划"。这是一个将空间站和间谍卫星相结合的计划，由麦克唐纳飞行器公司负责制造的双子星 B 飞船与道格拉斯飞行器公司负责制造的实验舱组合而成，计划飞行七次。前两次执行无人任务，后五次执行载人任务。

虽然整个计划排期到了 1971 年 1 月，但在美国人象征性地执行了第一次无人任务之后，MOL 计划就宣布停止了。从 1963 年 12 月到 1969 年 6 月，MOL 计划持续了不到 6 年时间。

2. 看上去很酷的"金刚石计划"

与此同时，苏联也没有闲着，他们的切洛梅设计局宣布要开发一种作为太空哨兵，来监视和寻找敌方目标的载人轨道飞行站，代号"金刚石计划"。

这个计划跟美国的 MOL 计划很相似，它的基本组成也是一个返回飞行器（Vozvraschaemyi Apparat Spacecraft，简称 VA 飞船）和一个在轨舱段轨道实验站（Orbitalnaya Pilotiruemaya Stanziya，简称 OPS）。航天员被质子号火箭发射到轨道上后，可以通过飞船尾部的通道爬进轨道舱，进行 30 ～ 60 天的军事观察和拍摄，然后坐返回舱回到地面。

比美国更先进的是，金刚石计划里的返回舱可以重复使用十几次。

当苏联的航天员（最多 3 名）坐上返回舱离开轨道舱后，轨道舱并不会马上被废弃，因为它的设计寿命长达两年左右。也就是说，它还可以迎接下一批航天员，而新的航天员主要依靠专门为金刚石计划研制的运输补给航天器（Transportniy Korabl Snabzheniya，简称 TKS）上天。

当航天员在轨道上时，TKS 负责送补给；而当航天员需要和它一起上去时，它又能跟返回舱对接在一起，连人带货一起飞。

由于1969年美国就取消了MOL计划，苏联便把金刚石计划伪装到了民用礼炮号空间站计划当中。所以，苏联的礼炮一号、礼炮三号、礼炮五号实际上是用于军事目的的载人轨道飞行站一号、飞行站二号、飞行站三号。

礼炮一号没有成功，礼炮二号和礼炮三号则各自成功送了3名航天员上去，而且苏联还在礼炮三号上测试了在太空中开炮。当然，开炮是在3名航天员坐上返回舱离开后，由地面人员遥控完成的。

为什么要在航天员返回后再开炮呢？一方面，因为装在空间站底部的机炮是完全固定的，想要把它对准一个目标，就必须把整个空间站转到那个方向，这种操作具有很大的风险。

另一方面，根据牛顿第三定律，炮弹一旦发射出去，就会产生反作用力，它会改变飞船的姿态，让飞船失去稳定，朝不可预知的方向偏转。而且，能不能再调整回来，也是不确定的。

3. 炮弹去哪儿了？

看到这里，有同学一定很好奇：发射出去的炮弹最后去哪儿了呢？据苏联人说，在遥控发射32发炮弹后，机炮成功地摧毁了一枚报废的卫星靶子，有效射程达到了3000～5000米。在真空中没有阻力，那些没有打中卫星的炮弹最终跑到哪儿去了呢？会一路飞出太阳系，还是会落回地面、砸到我们头上呢？

其实，这两种情况都不会发生。礼炮号空间站所处的位置是近地轨道，它的运行速度大约在每秒7800米。如果向着它前进的方向开一炮，想要让炮弹飞到更高的地球同步轨道上，需要为炮弹提供大约每秒2500米的速度增量才行，但R-23

机炮的初速度只有每秒 850 米。

开炮后，炮弹会立刻往外移动，同时将动能转化为势能，朝着更高的轨道飞去，不断减速后，最终从上方落在空间站的后面。同理，如果对着与空间站前进方向相反的方向开炮，炮弹则会从空间站的下方超越空间站，跑到空间站前面去；如果是垂直对着头顶上开炮，炮弹会直接上升到更高的椭圆形轨道上去。

由于空间站处于近地轨道，炮弹会跟稀薄的空气分子摩擦后减速，落回到大气层中，并最终被烧光。所以，同学们丝毫不用担心炮弹会落到我们头上。

星舰上的"暗黑战袍"是什么？

你们有没有看过美国太空探索技术公司（SpaceX）的星舰组合测试？第 20 号星舰比当年那个巨无霸——土星 5 号——还要高出 10 米，它是目前人类历史上最大的一枚火箭。

1. 暗黑色的"战袍"

如果从外观上看，星舰就像穿了一件暗黑色的战袍。你知道这件"战袍"是什么吗？为什么要"穿"上它呢？其实，星舰上的那层"暗黑战袍"是用来覆盖它表面的黑色隔热瓦的。

星舰的目标是要能够快速地实现重复使用，就像商业航班一样，能够反复飞行。但是，使用了隔热瓦的航天飞机，每次降落之后至少要花上数月的时间来检查和更换隔热瓦。即便这样，有些航天飞机还是因隔热瓦出问题而引发了严重的事故。星舰体积比航天飞机大得多，隔热瓦自然也要比航天飞机用得更多，又该怎样保证它不会重蹈覆辙呢？下面，我们就来看看它们的区别究竟在哪里。

2. 形状不同，材料也不同

航天飞机的形状不规则。为了保证能够以滑翔的状态着陆，航天飞机在外形上做出了很大的妥协，设计得比较复杂，比如：那对小翅膀在大部分的时间里好像一点儿用处也没有，但为了最后的滑翔，它必须一直插在那里；平滑的机腹，这种外形在高超声速下并不能发挥最佳的隔热效果，还会造成中间和边缘的温度分布不均匀，但为了最后的滑翔，也必须设计成这样。

航天飞机上的每一块隔热瓦都有各自的独立编号，它们被安装在特定位置，很少能够互相替换。隔热瓦需要人工一片一片粘上去，粘的时间大约是 16 个小时，晾干的时间也是 16 个小时，总共要花费 32 个小时。航天飞机每次降落后，还要花费 5 个月的时间，人工处理这些被烧过的隔热瓦。极大的维修难度和极高的维修成本，使得在轨维修也变得非常困难。

那么，星舰上的隔热瓦与航天飞机上的隔热瓦又有什么不同呢？星舰上隔热瓦的外形会简单很多。星舰是圆筒形的，所以对大部分覆盖在其表面的隔热瓦的形状没有很多要求，只有顶端稍微复杂一点，需要几种不同形状的隔热瓦。与航天飞机用大量矩形、平行四边形的隔热瓦不同，星舰上用得最多的是六边形隔热瓦。隔热瓦受热会膨胀，为了提供膨胀空间，相邻的六边形隔热瓦之间需要留有缝隙，这些缝隙还能够让高温传导的路径曲折起来，高温传导不了多远就会消耗殆尽。

而且，不光是外形简单，统一的六边形的规格也提高了安装的效率。机器人只需在星舰表面提前焊上安装箱，再批量挂上隔热瓦，把隔热瓦背面的孔跟安装箱对齐，再插进去，它们就自动锁住了。

再者，星舰上的隔热瓦与安装箱之间是互锁的，而不是粘死的，这就使隔热瓦在表面受热变形后，不容易被挤碎。当然，不锈钢星舰外壳的膨胀率本身就比铝合金小，同时还比铝合金耐热得多。前者在 800℃下仍然有着很高的结构强度，而后者到了 150℃就会发生变形。

你们看，星舰上的隔热瓦比航天飞机上的隔热瓦厉害很多。

3. 弓形激波推走高温

除了以上说到的原因，星舰不会因为隔热瓦出问题而引发事故还有另外一个非常重要的因素，就是它的空气动力学优势——弓形激波推走高温。

在空气中，当物体超声速运动时，会产生激波。其中，尖头的物体会产生斜激波，带来相对较小的阻力；钝头的物体，会产生弓形激波，带来较大的阻力（如图 1-13 所示）。无论是航天飞机还是星舰，它们在进入大气层的时候都会达到几十倍的声速，从而利用弓形激波的大阻力帮助自己减速，但这样会产生高温。

尖头物体和钝头物体超声速运动时产生的波

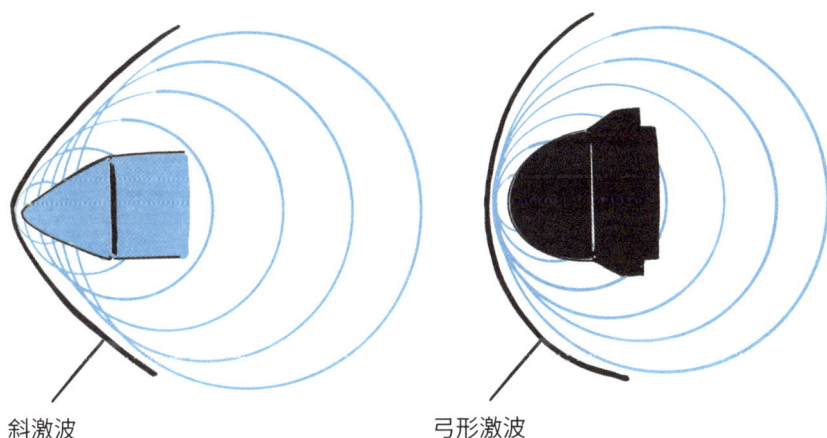

斜激波　　　　　　　　弓形激波

图 1-13

　　弓形激波还有另外一个名字，叫作脱体激波。当超声速气流撞上一个钝头的东西后，无法快速排向两边，就会在继续冲过来的气流和钝头之间形成一个气垫。气垫将激波往外推出，脱离钝头表面。而星舰比航天飞机粗很多，也钝很多，产生的弓形激波自然也能"脱"很多，这样高温也就会被推得更远了。

　　总之，星舰相比航天飞机既能更高效地利用隔热瓦，自身的不锈钢也更能耐高温，还有脱体激波来助力，就算使用传统的隔热瓦也不会重蹈航天飞机的覆辙。所以，传统的隔热瓦是星舰的最好选择。目前，美国第 20 号星舰还处在组合测试阶段，我们期待它早日起飞吧！

最光滑的镜子

哈勃望远镜大名鼎鼎，相信很多同学都知道它。但是，与它齐名的钱德拉 X 射线天文台，你们听说过吗？相信你们多半会摇头了。钱德拉 X 射线天文台是专门用来收集 X 射线的，下面我就带大家认识认识它。

1. 最伟大的时光机器

1999 年 7 月 23 日，哥伦比亚号航天飞机从肯尼迪航天中心 LC-39B 发射场发射升空，但仅仅在 8 秒钟之后，驾驶舱的警报就响了。原来是一条总线短路，导致两台主引擎上面的主控制器发生故障。尽管每个引擎都有备用控制器，但这个突发意外还是将本次任务推到了灾难的边缘。

这架航天飞机里面装的是它运载过的最重载荷，其中包括钱德拉 X 射线天文台。面对这种突发情况，指挥官艾琳·柯林斯（Eileen Collins）决定继续执行任务，最终获得了成功。事后他们得知，从发射前到主引擎关闭，这架航天飞机一路都在泄漏氢燃料，导致速度比原定慢了 4.6 米 / 秒，无法到达既定轨道。最终，通过轨道引擎的帮助，它才被推到了合适的高度，顺利释放了载荷。

美国国家航空航天局一共往太空发射过 4 台类似的望远镜，它们被称为"大型轨道天文台计划"，主要任务是收集四个主要波段的光线：

第一个升空的是 1990 年的哈勃太空望远镜，它极大地提升了人类在紫外、可见光和近红外波段的观测能力，成为有史以来知名度最高的天文望远镜；1991年，第二个升空的是康普顿 γ 射线天文台，它专门探测 γ 射线，开始对宇宙中威力最大的爆发事件进行观测。第三个升空的就是我们现在讲的钱德拉 X 射线天文台，专门收集 X 射线。2003 年，最后一个升空的是斯皮策太空望远镜，它将人类的成像和光谱探测能力扩展到中红外波段，让我们有机会揭开尘埃的面纱，窥探到了恒星诞生的惊人细节。

这四台望远镜的诞生，每一次都是一场技术革命。

2. 让光子打水漂

钱德拉 X 射线天文台目的是观测天体的 X 射线辐射。那你知道它是如何观测到 X 射线辐射的吗？

X 射线是一种能量极高的光线，它喜欢笔直穿过物体而不是被物体反弹。医院之所以能够用 X 光照射身体，并在荧屏上或胶片上形成影像，正是因为 X 光的这一特点。而望远镜的工作原理是让尽可能多的光线发生反射或折射后汇聚在一起，从而捕捉到它们，对于从极其遥远的地方发射过来的极其暗淡的光线更是如此，最好是一个光子都不要损失。通常的光学望远镜，垂直于光束的镜面是不起作用的。既然 X 射线喜欢穿过物体，那如何才能收集到它呢？

唯一的方式是让光子"打水漂"。X 射线以相对镜面 1 ～ 2 度的夹角入射才会发生反射，所以就必须将镜面设置成几乎跟入射的 X 射线平行才行，就像我们小时候用石片儿打水漂那样。如果让石片儿垂直水面落下，石片儿必然会下沉。如果让石片儿贴在水面上飞行，水漂就打起来了。让光子"打水漂"也是同样的道理。

钱德拉 X 射线天文台的工程师们将两圈角度稍微不同、像是圆柱形的玻璃嵌套在一起，形成能够让 X 射线光子连续打水漂的反射面（如图 1-14 所示），从而引导光子汇聚到 10 米外的成像元件上。

为了获得清晰准确的成像，还必须保证每一粒光子都能够集中到成像元件上的同一个位置，这就要求将镜面打磨的精度提高到原子级别。就这样，钱德拉 X

图 1-14

射线天文台的反射镜成了人类有史以来制造的最光滑的镜子。

这个镜子并不是一整块的，而是由八面镜子拼接而成，因此必须做到精确对齐。也就是说，要在地面上把它们拼好，保证到了零重力下依然还是精确对齐的；同时还要保证它上了太空之后，温度变化的幅度小于几千分之一摄氏度。这些都需要不断地尝试，反复地突破，才能做到准确无误。

3. 钱德拉 X 射线天文台的使命

钱德拉 X 射线天文台发射升空后拍摄到的第一批天体中包括仙后座 A，这是一个超新星遗迹，宽度约为 30 光年。超新星遗迹是大质量恒星爆炸的结果，当一颗恒星的核燃料燃尽，就会以爆炸的形式来结束自己辉煌的一生，并将爆炸碎片和残留物质扩散至太空中，在短时间内发出极其明亮的光线。

实际上，一颗超新星的光芒比整个星系中所有恒星的光芒加起来还要明亮。是不是有点儿不可思议呢？然而最重要的是，除了氢、氦这两种元素可以在宇宙中形成，其余的元素都只能在炽热的大质量恒星内部合成。所以，超新星爆发也是在将这些重元素撒满整个宇宙，从而形成新的恒星、新的行星、新的生命，比如我们人类。

是的，我们本身就是恒星的产物，而钱德拉 X 射线天文台能够通过它的 X 光"眼睛"仔细观察这个过程，告诉我们更多关于恒星爆炸的信息，让我们能更好地了解宇宙的演化发展，了解我们自己的演化发展。

除此以外，高能的 X 射线还可以让我们看到黑洞对恒星潮汐的扰动，看到物质被吸入黑洞的物理学过程，看到超大质量黑洞是如何影响整个星系，乃至星系团的演化的。

如今，钱德拉 X 射线天文台已经在我们头顶上方飞行了 21 年，远远超出了它原本计划的 5 年服役期限。它现在看上去还非常健康，可以继续为我们带来更多的惊喜。

同学们，你们说 1999 年 7 月 23 日那个凌晨，指挥官艾琳·柯林斯的决定是不是相当明智呢？

火箭是怎么点火的?

我们经常能在电视或网络上看到火箭发射的场景,当倒数结束,点火按钮被按下的瞬间,火箭便会腾空而起。那么,火箭究竟是怎么被点燃的呢?下面我们就来聊一聊这个话题。

1. 不用点火的火箭

在火箭大家族中,有一种不用点火的火箭,它使用的是一类被称为"自燃推进剂"的燃料组合,即肼类和四氧化二氮。这两种液态物质只要混合到一起,就会发生剧烈的化学反应,放热进而燃烧。所以,这种火箭不用点火,只要把阀门打开,让这两种物质相遇即可。长征二号、长征三号发射时喷出来的橘红色的火焰,就是这种推进剂混合自燃后产生的。由于肼类和四氧化二氮都有毒,所以这种火箭发射方式也被叫作"毒发"。

2. 美国人和苏联人奇葩的点火方式

还有一种火箭,是用液氧和煤油来点火。然而,想让超低温的液氧与煤油碰到一起燃烧而不是爆炸，并不是一件简单的事。因为液氧的低温会引起煤油冷却并凝固，而凝固的煤油和液氧的混合物对撞击非常敏感，在加压情况下就会发生爆炸。为了防止爆炸的发生，美国人和苏联人纷纷动起了脑筋。

美国人发现，三乙基铝、二乙基锌、三乙基硼这些金属有机化合物，只要暴露在空气中就能自燃，若是遇上液氧，燃烧得就更猛了。于是，他们便在发动机的管路里备上一个装着这几样东西的一次性玻璃小管，这样一来，打碎它就能点火了。但猎鹰9号上面的梅林1D发动机要稍微复杂一些，美国人把玻璃管换成了由阀门控制的引火机加注系统，可实现多次点火。

然而，苏联人觉得，这样做还是有点儿复杂，他们采用了更加简单的方法，那就是直接上火柴或者火把。直到现在，把航天员送上国际空间站的联盟号运载火箭都是用火把点燃的，是不是有些不可思议？

其实，苏联人选择这种点火方式是有苦衷的。

我们来看看联盟号运载火箭的尾部（如图1-15所示）。它的中间是装在芯一级上的，有4个主喷口、4个小喷口的RD-108发动机，四周是装在4个助推器上的，各有4个主喷口、2个小喷口的RD-107发动机。这些加起来是20个主喷口和12个小喷口。联盟号运载火箭一共有32个喷口。

为了保证这32个喷口同时点燃，苏联人采用了最古老的办法，就是把32个火把分别放进32个喷口里，让它们先燃烧，再打开推进剂的阀门，这样就实现了完全同步。苏联工程师称这种方式为"烟火点火"。

它是怎么操作的呢？在联盟号被安装到发射台上之后，技术人员会通过发射台下方的通道桥，手动将一根根倒梯形的上好白桦树木棍插入每一个燃烧室，20根大木棍插入主燃烧室，12根小木棍插入转向发动机的小燃烧室。

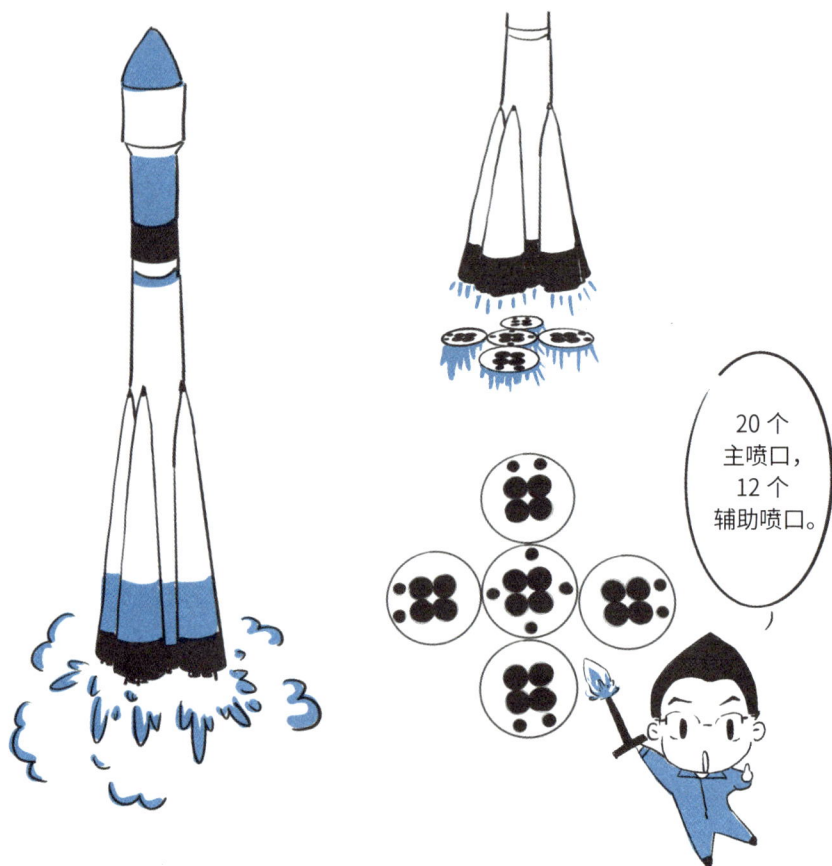

图 1-15

在每根棍子的顶部都有一对高温装药，两者间连着一根用弹簧夹着的黄铜线，起短路发热点火的作用。来自点火装置和传感器的电线，沿着倒梯形的木棍向下延伸到一个插座，在那儿它们被插入到发射控制网络。

当这些"火把"燃烧时，火焰会切断黄铜线，弹簧拉开松开的一端从而断开电路，发射控制台上亮起点火的信号。只有当发射控制系统确认这 32 个燃烧室中每一个燃烧室的信号都亮起后，工作人员才会打开推进剂供应管线上面的阀门，使火箭真正地点火，确保绝对的同步。

你一定没想到，点燃火箭用的居然是这么原始的方法吧？但实际上，这种方法非常可靠，几十年来已经送了数百枚火箭上天了。

不过，这种点火方式虽然可靠，但偶尔也会出现失误的情况。2016 年 3 月 12 日，一枚联盟号运载火箭在哈萨克斯坦拜科努尔航天发射场第 31 号工位准备进行发射，当点火按钮被按下了 23 秒之后，火箭竟依然没有反应。发射被迫中止，并推迟到第二天。

经过检查发现，原来 32 根木棍中有一根意外地熄灭了，工作人员立刻更换了一根。第二天，联盟号运载火箭成功发射。试想一下，如果换作其他复杂的点火系统，想要这么简便快捷地完成检修和发射是不太可能做到的。

同学们，这回你知道了吧，火箭发射分点火和不点火两种方式。下次观看发射火箭的电视画面时，你就可以依据所看到的情形，判断它采用的是哪一种方式了。

帕克能摸到太阳吗？

　　每到夏天，温度超过35℃，甚至更高的时候，我们就会感到酷热难耐。但是，同学们，你们知道吗？太阳日冕层的温度高达1000000℃，然而居然有一个不怕热的家伙自由穿行于太阳日冕层，并用4根触手拿着一个圣杯成功收集太阳粒子。它是谁，难道它不怕被熔化吗？下面，我就带大家认识一下这个神奇的家伙。

1. 温度≠热量

　　这个家伙的名字叫"帕克"，是美国国家航空航天局发射的一枚太阳探测器。要说明它不怕热的原因，我们先要了解一件事：温度和热量本质上是两个不同的物理量。

　　我们平时说的温度，测量的是粒子运动的剧烈程度：粒子运动得越剧烈，温度越高；反之亦然，直到绝对零度。而热量，测量的是运动粒子传递出来的总的能量。比如，在运动速度相同的情况下，1颗高速粒子和1亿颗高速粒子的温度是一样的。但是，当它们和别的物体发生碰撞时，传递出的总能量却不同，前者是一份，而后者是一亿份。

太空中的粒子可能以极快的速度移动，温度可能高达数千摄氏度，但数量很少，无法传递太多的能量，对物体的实际加热效果有限，这正好就是帕克太阳探测器在日冕层里所遇到的情况。那里虽然以极高的温度向外抛射粒子，但由于粒子的密度低，打在帕克身上的粒子很少，传给帕克的热量也很少。

2. 特制的隔热罩

不过，日冕层里的加热效果再差，也有上千摄氏度。为了承受这样的热量，帕克还需要加装特殊的隔热装置。帕克头顶上有一块光滑的圆角矩形大板子，这就是它的隔热罩，几乎所有的仪器设备都躲在了它的阴影里。

隔热罩使用了一种先进的碳 - 碳复合材料，这块直径 2.4 米、厚 115 毫米的板子前后两面可谓冰火两重天。对着太阳的那一面可以被加热到大约 1400℃，所以碳板上还要覆盖上多层既能反光又能散热的、多孔粗糙的、非常薄的陶瓷涂层（如图 1-16 所示）。

那么，为什么要多孔还要粗糙呢？平整光滑的表面反光效果不是更好吗？通常情况下是这样的，但考虑到帕克所面临的温度，光滑涂层在这里会像玻璃窗户被石头击中那样碎裂，而使用多孔材料，即便出现裂纹，也会在碰到孔隙时被阻断，涂层能保持相对完整。

另外，交错排列的几层涂层也能让光线在侥幸穿过第一层孔隙后，极大概率被后面一层兜着无法再继续深入，这样一来隔热罩背面的温度就只有 30℃ 了。而且，在帕克身上还分布了好几个非常敏感的温度传感器，一旦姿势不对，放过了一点阳光，那些传感器就会马上知晓，随即启动自控发动机，把头顶重新对准太阳。

图 1-16

3. 耐热的"法拉第杯"

虽然帕克把绝大部分探测器隐藏在隔热罩后面，但仍有一些部件勇敢地伸了出来，比如探测器最重要的部件之一"法拉第杯"，它是用来兜住太阳粒子的。这个设备最主要的构造是一个带电的网，只要用足够耐热的材料来打造它就可以了（如图 1-17 所示）。杯子本身用耐热 2300℃的钼合金制成，而它里面的带电网用

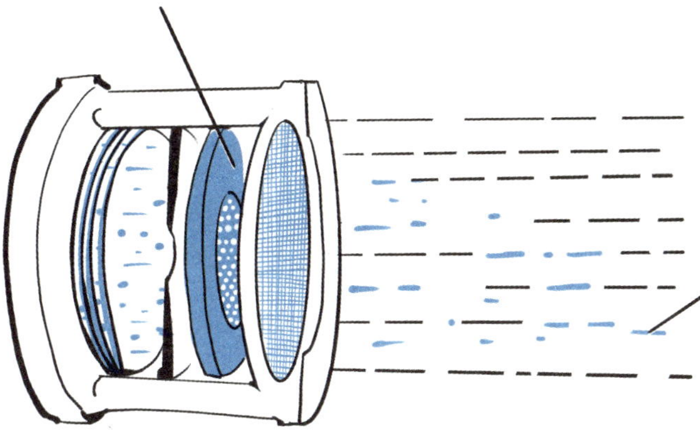

带电耐热网

太阳粒子

图 1-17

的是连激光都不好加工的钨。

既然带电就要供电,那就需要依靠电线。所以,制造这个设备最大的挑战就是要研制出一根不被熔化的电缆。最后,科学家们用蓝宝石水晶管作为电线的绝缘层,电线本身则换成了极其耐热的铌合金。伸出隔热罩、用来测量太阳磁场的四根天线,也是由铌合金制成的。

4. 用 3.7 升水散热

除了"法拉第杯"和四根天线,还有一个勇敢的"战士"伸到了隔热罩外面,它就是为整个探测器供电的太阳能板。帕克围绕着太阳以一个较为狭长的椭圆轨道运行,它所接收的太阳能量会随着所处位置的不同而发生变化。在远离太阳的地方,它需要将两块太阳能板完全伸出才能获得足够的电能;而到了靠近太阳的地方,太阳能板的绝大部分为了避免被烧掉会缩在隔热罩的阴影里,只留下尖端的一小部分露在隔热罩外面。但即便只留了这么一点在外面，也需要良好的散热。

出人意料的是，科学家竟然用了大约 3.7 升的水来散热。因为帕克太阳探测器太阳能板所处的温度范围过大，也只能用水取代化学制冷剂了。这些水在加压后能在 0 ～ 125 摄氏度始终保持液态，源源不断地将太阳能板上的热量带到隔热罩下方的两片巨大散热片上，辐射到太空中去。

正是通过以上种种措施，在一个人类从来不曾想象过的、如此近的地方，帕克成功摸到了太阳，并把全新的数据不断地传回地球，让我们的认知得以持续向外延展。

宇宙飞船外面为什么都要裹层金？

如果把美国的发现号航天飞机拿来炼金，大家猜猜，能够炼出多少黄金呢？答案是大约 41 千克。是不是很惊人？那么，在生产发现号的时候，这些黄金究竟被用到什么地方了呢？接下来，就让我们一起开启"寻金之旅"吧。

1. 航天器表面金灿灿的东西并不是金箔

我们经常能在卫星探测器、空间望远镜等航天器上看到金灿灿的薄膜，很多人以为这些金色薄膜是黄金做成的，其实并不是。它是由一种名字叫作聚酰亚胺的高分子聚合物与金属铝复合而成的一种多层隔热材料（multilayer insulation material，简称 MLI）。由于聚酰亚胺本身是黄色的，跟银色的铝组合后就变成了金色，让人们产生了误会。那么，它的作用是什么呢？

2. 航天器的防护盾

你知道，宇宙中最大的保温瓶在什么地方吗？答案是在太空中，真空就是宇宙中最大的保温瓶。真空的环境意味着一切热量传递都无法靠空气的对流来完成，热的地方热，冷的地方冷。对于我们发射到太空的卫星和探测器而言，就是向阳的那一面接受炙烤，而背阴的那一面却是冰天雪地。如果没有一个有效的手段来控制这种冰火两重天的状况，它们是坚持不了多久的。

这时，MLI就上场了。虽然太空中没有对流来传导热量，但辐射也是一种非常高效的热传递方式。想想冬天家庭常用的小太阳电暖器，就是靠辐射来传递热量的。

MLI材料是由很多层镀铝聚酰亚胺薄膜组合而成的。在每一层聚酰亚胺之间，

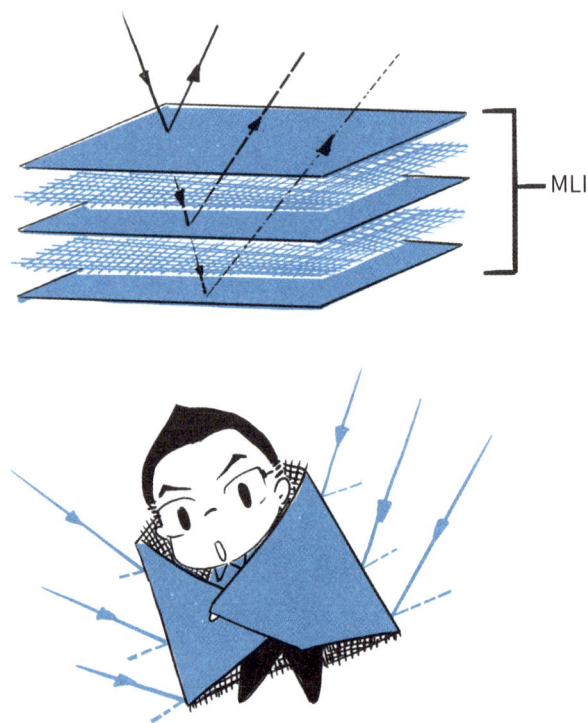

图 1-18

还夹着一层网格状的材料，有点儿像是医用纱布。前者负责将热量以光的方式辐射出去，后者负责隔绝每一层聚酰亚胺薄膜之间的热量传递（如图 1-18 所示），这样越往内所吸收或散失掉的热量就越少。

与此同时，MLI 还为航天器构筑起了第一道防线，把一些微陨石挡在外面。在它们还没有碰到航天器表面时，就已经被分解和蒸发掉了。

既然航天器外层金光闪闪的 MLI 并不是真金，那真金究竟藏在哪里呢？大概有三个地方，下面，我来给大家解密。

3. 真金藏在哪里？

第一个地方是聚酰亚胺塑料膜，当然，这不是外层的金色薄膜，而是裹在航天器内部的电子元器件上的。黄金可以非常有效地屏蔽紫外线和 X 射线，所以能为失去了地球大气层保护、暴露在宇宙射线和太阳辐射之下的航天器内的敏感电子元器件提供防护。黄金会被镀在一些塑料薄膜上，包裹住这些敏感的元器件。

第二个地方是电子电路上的触点。黄金的导电性在所有金属中排名第三，仅次于银和铜，但其化学稳定性却异常出色，比银和铜都要耐腐蚀得多，哪怕在极端环境下也能够撑上很长时间，是用来制作电子电路中那些关键触点的理想材料。比如，用黄金来制作芯片上的针脚、内存插槽、高保真音响接头等，可以将额外的干扰降到最低。

第三个地方是航天员的舱外航天服。航天员戴上一顶玫瑰金色的头盔，看起来非常漂亮。当然，它并不是为了让航天员看起来更像"黄金圣斗士"。之所以要在头盔的面罩上镀上一层真金，主要是为了护眼。黄金可以非常有效地反射红外线，同时不会阻挡可见光。于是，黄金面罩可以让航天员既能看清外界的事物，又能免遭完全没有经过过滤的阳光直射，可以说是既好看又实用。

　　好了，现在你已经知道到哪里去找炼金的材料了吧？只是要把退役的航天飞机从美国国家博物馆里拖出来，是有难度的。

太空中是如何精准导航的?

我们都知道在地面上如何导航,就是依靠精准的地图、精准的位置和详细的路线规划。举个例子,我闭着眼就能从家走到公司,因为我知道家在哪里、公司在哪里,也知道连接它们的街道是什么样子的,这样自然就不会迷路。

导航软件其实就是这样工作的,只不过普通地图换成了卫星地图,位置换成了由 GPS 或北斗卫星导航系统来提供,路线规划则由算法确定。

那么,如果换到太空,那些航天器是如何精准航行到目标星球上的呢?太空中的导航逻辑与地面上的导航逻辑是不是一样的呢?

实际上,两者的性质还真是一样的。我们也分别从地图、位置和路线规划三方面来进行说明:

1. 地图

天上有地图吗?

当然有。天上的地图与地面地图唯一的区别就是,天上的星星会动。这样乍看起来有些棘手,但其实并未复杂多少,因为这个会动的地图是有规律可循的。

早在 400 年前，第谷·布拉赫（Tycho Brahe）就通过精准严密的观察，依据约翰尼斯·开普勒（Johannes Kepler）提出的行星运动三大定律，以及牛顿提出的万有引力定律，帮助我们弄清了它们的运动规律。现在，我们只需要对某颗星体进行几次天文观测，就能计算出它的精准运行轨道与运动速度，从而掌握它在未来任意时刻的空间位置。

2. 位置

在太空中，怎么才能像在地面一样，随时随地获得精准的定位信息呢？

这里也有三种方法：

第一种就是利用曾经在大航海时代使用的最重要的工具——六分仪。它通过将海平面与一颗已知位置的恒星重合在一个平面上来计算航船当前所在的位置。比如，你在北半球想知道自己所在的纬度是多少的话，只需要利用北极星就能确定了。在六分仪中，通过活动臂把视线中的北极星对齐海平面，活动臂在圆弧上指出的读数就是当前的纬度了（如图 1-19 所示）。而加上准确的时钟、星历和一些简单的计算，我们还能计算出自己所在位置的经度。

在太空中，六分仪对准的自然是一些已知星体，比如太阳、一些明亮的恒星和行星等。在阿波罗登月计划中，六分仪就发挥了重要作用：逼近调整了惯性导航系统所产生的误差；在阿波罗 13 号发生氧气管爆炸，断电后电脑无法正常工作的情况下，成为唯一可用的导航工具，成功将三名航天员带回了地球。

第二种，利用位于地球表面的几个不同天线来帮助航天器定位。NASA 使用的是分别位于美国加州、西班牙马德里和澳大利亚堪培拉的深空站；我国用于执行火星探测任务的探测器天问一号，则是通过佳木斯深空站、喀什深空站和阿

图 1-19

根廷深空站组成的深空探测网，以及我国射电天文观测网的甚长基线干涉测量
（Very Long Baseline Interferometry，简称 VLBI）测轨分系统来实现导航的。
它的工作原理是，依靠计算发射和接收信号时的频率偏移与时间间隔，来确定航
天器在太空中的位置、方向和速度。

最后一种方法，就是利用脉冲星来导航。只需要接收到三颗脉冲星的脉冲信
号，就能通过三角定位计算出航天器所在的位置。不过这种方法目前尚在理论阶
段，我们暂且不论。

3. 路线规划

在地面上，导航软件的任务是帮我们选一条宽敞好走的大路。太空的交通状况很好，不会堵车，它的主要问题是路太远了！但我们也可以找一个距离相对较近的星球去拜访。同时，我们还要考虑，有没有一个合适的时间和合适的路线，允许我们只用一点儿路费就能一下子去好几家串门。这就是我们经常听说的发射窗口期和轨道设计了。比如，喷气动力实验室的加里·弗兰德罗（Gary Flandro）在 1964 年就设计出一条轨道，可以允许一个航天器利用各个星球的引力弹弓效应，一次性拜访完木星、土星、天王星和海王星，而且将本来长达 40 年的时间缩短为不到 10 年，但前提是必须在 1977 年升空。现在我们知道了，这次任务的航天器就是著名的旅行者 2 号。

以上就是有关在太空中精准导航的一些知识。现在你知道为什么那些航天器在太空中不会迷路了吧?

猎鹰 9 号是怎样在地面站稳的?

你听说过回收火箭吗?如果答案是肯定的,那你对 SpaceX 回收火箭一定不陌生。SpaceX 又叫"太空探索技术公司",它是美国一家私人经营的太空运输公司,主要负责国际空间站补给任务,同时也负责火箭研发。该公司于 2013 年制造出可重复使用火箭。2015 年 12 月 22 日,SpaceX 成功发射了猎鹰 9 号火箭,并且在火箭升空后 10 分钟成功地完成了第一级火箭回收任务。猎鹰 9 号是人类历史上第一个可实现一级火箭回收的轨道飞行器。

在这之后,SpaceX 继续发力,截至 2022 年,已经成功将 90 枚猎鹰 9 号重型火箭的第一级回收,并重新发射了其中的 72 枚,为太空发射节约了巨额资金。

每当我看到那根有 15 层楼高的细管子垂直地降落在圆形靶心时,总有一种十分魔幻的感觉。我很好奇,它究竟是如何成功降落到靶心的呢?

其实总结一下,无外乎两点原因:一是要有丰富的驾驶经验;二是火箭设计要精良。下面,我们就分别来谈一谈这两点原因。

1. 丰富的驾驶经验

想象一下，如果我们学习开车的话，要用多久才能从一个初级菜鸟熬成熟练的老司机？

SpaceX 的 CEO 埃隆·马斯克（Elon Musk）是用了 4 年半。当然，这要从一枚名叫"蚱蜢"的火箭试验器说起。马斯克先是运用全新的"垂直起飞""垂直降落"概念，研发出可以重复使用的火箭系统，并在此基础上制造出一枚名为"蚱蜢"的火箭试验器。从 2012 年 9 月到 2013 年 10 月，这款模拟猎鹰 9 号的第一级尺寸、装有梅林 1C 发动机和固定支撑脚的火箭试验器共发射了 8 次，从滞空 3 秒增加到滞空 79 秒，从只能勉强上升一路爬升到 744 米的高度，成功地完成了多次垂直起落、空中悬停，并精准地返回到地面基座，取得了火箭回收第一阶段试验的成功。

到了第二阶段，SpaceX 就将"蚱蜢"改造得与真正的猎鹰 9 号相差无几了：用上了新一代的发动机，装上了可收放的支撑脚，顶部也加上了控制姿态的格栅。2014 年 4 月至 8 月，这个被称为"F9RDev1"的火箭共飞行了 5 次，有 4 次都成功了，最高飞达 1000 米。美中不足的是，在第五次试验时，它意外地放了"烟花"——爆炸了。

不过，这也没什么大不了，试验火箭没了，那就直接发射真火箭好了！于是，SpaceX 的可回收火箭直接进入到第三阶段：发射真正的火箭。这个阶段就像你学会开车后终于正式上路了，不管你之前在机器上模拟驾驶得多好，都要到现实中去试一试，才能知道自己的车技到底怎么样。SpaceX 的回收火箭也必然要经历这一步。

与"新手上路，请多指教"一样，SpaceX 的回收火箭从 2015 年年初发射后，就一路炸到 2016 年春天，最终让猎鹰 9 号稳稳地站在了海面回收平台上。接下来就顺利多了：到 2017 年，火箭回收已成为常态；2018 年，不仅回收成功率保持在百分之百，着陆精度更是精确到了 10 米以内。要知道，这项指标在五年前可是 10 千米呢！

所以说，丰富的驾驶经验不是一天就能具备的，SpaceX 也不是一开始就会回收火箭的。

2. 火箭设计要精良

猎鹰 9 号身上装备了很多"黑科技"，才让它从大气层边缘精确地返回到着陆点。这里我重点来介绍 6 个猎鹰 9 号火箭设计的精妙之处：

（1）采用了推力矢量技术的发动机

所谓推力矢量，就是指发动机所产生的推力方向是可以改变的。这对于猎鹰 9 号这样需要华丽转身、有着高机动性要求的火箭来说，是必不可少的一项技术（如图 1-20 所示）。

（2）8 台冷气推进器

猎鹰 9 号第一级顶部安装有 8 台冷气推进器，它们依靠喷出氮气产生的反作用力来调整火箭姿态。尤其是在第一级和第二级刚刚分离时，转身所靠的就是它。

（3）可以重新点燃的主引擎

当猎鹰 9 号到达分离高度后，第二级火箭点火，继续将载荷送上轨道，第一级火箭发动机就要熄火，接着通过冷气推进器将姿态调整为底部朝下，不再爬升，而是落向地面，重新进入大气层。此时，为了减少摩擦对火箭表面造成的二次损伤，9 台梅林发动机中的 3 台会重新点燃，推着火箭使之减缓下落速度，之后暂

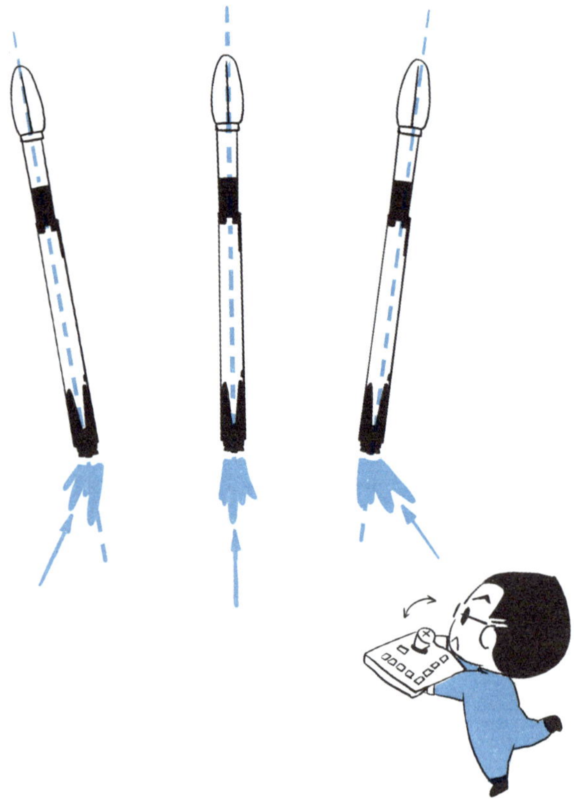

图 1-20

时关闭；接着又在接近地面时再次开启，使火箭进一步减速，直到最后把火箭轻缓地放到回收平台上。

（4）惯性导航和全球定位系统

惯性导航系统会使用多种传感器来测量火箭的位置、飞行方向和速度等信息，而全球定位系统则不断收集火箭的地理信息。这些信息会实时传递到火箭上的电脑里，并与预设的飞行路径进行比对，一旦出现任何偏差，电脑就会及时对火箭的方向和速度做出调整。

（5）火箭顶部的 4 个格栅鳍

这 4 个可以灵活活动的钛制格栅鳍，可以在火箭重回大气层后，有效地利用空气动力学来精确控制火箭的降落姿态，为 10 米精度的降落提供最佳保障。

（6）可以展开的支撑脚

别小看了这个支撑脚哦！因为临门一"脚"才是决定胜负的关键。支撑脚由碳纤维和铝制成，展开后跨度达 18 米，同时配有特别的缓震器来减少硬着陆时的冲击力，整个系统加起来不到 2100 千克，既轻巧又结实。

电站能建在太空中吗？

我们生活在 21 世纪最大的幸福之一，就是能看到很多科幻片中的场景变为现实，比如说到太空上建立电站。2020 年 5 月，美国阿拉斯加五号火箭发射了一艘神秘的航天飞机进入太空，它的一项重要任务就是对太空电站展开测试，看看太空上到底能不能建电站。

在太空建电站发电的原理并不难理解。就是把原本放在地面上的太阳能电池板移到太空中去，让它们在太空中收集太阳能，接着把收集到的能量以微波或激光的形式传回地球（如图 1-21 所示），我们再从地面的接收装置里把电输送出来。

这听起来并不复杂，人类也很早就提出过这样的设想。而人类之所以要上太空建电站，主要有两个原因：一是地面上的太阳能电池板只有在白天且天气晴朗时才能工作；二是即使在大晴天，大气层也会将三分之一的太阳能阻挡在地球之外。但如果把太阳能电池板移到太空中去，情况就大不相同了。据估计，同一块太阳能电池板，在太空中收集太阳能的效率是地面的 40 倍。是不是很诱人？

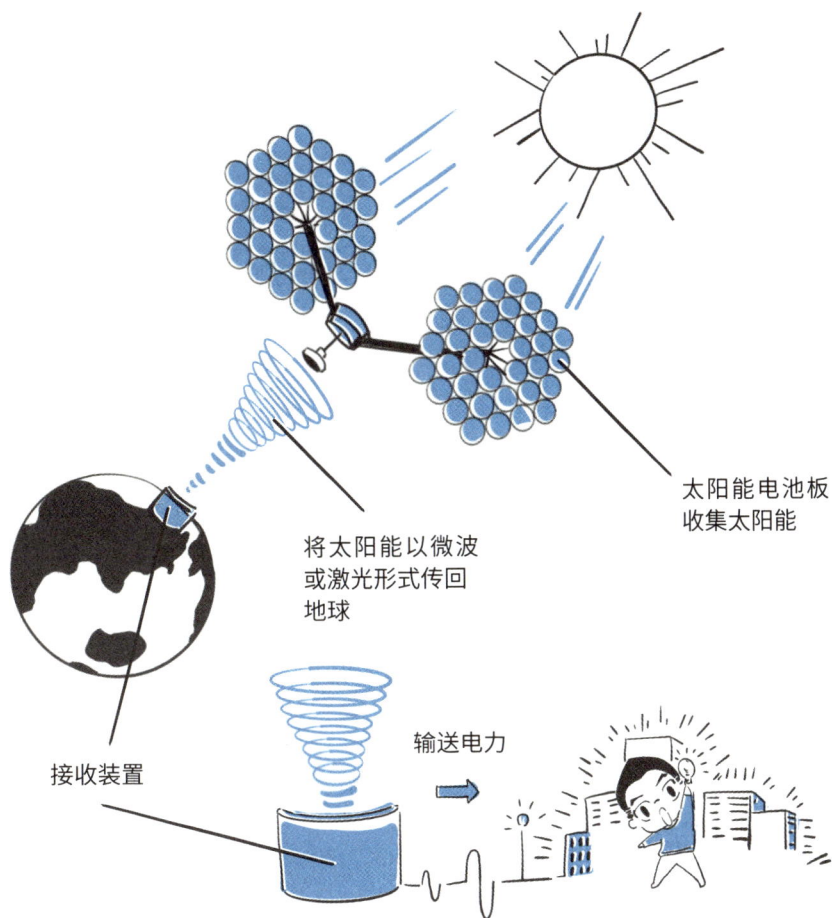

太阳能电池板
收集太阳能

将太阳能以微波
或激光形式传回
地球

接收装置

输送电力

图 1-21

1. 建立太空电站有哪些困难？

既然技术可行，收益明显，为什么人类不能早一点儿把太空电站付诸实践呢？

原因是，建立太空电站实施起来困难重重。主要困难有两点，即成本和效率。

首先，制造和发射用于收集太阳能的巨型卫星都需要巨大的经济成本。粗略估计，要为一座城市供电的太阳能电站造价可能就高达数百亿美元。

其次，人类目前还无法彻底解决能量回传的问题。现在，人们提出的两种回传方式就是微波和激光，它们都有各自的优势和不足。

如果使用特定频率的微波回传能量，我们只需要在距离地面 35800 千米处的地球静止轨道上建立太空电站即可。这里可以使电站一直被阳光照射，而且始终停留在地球同一地点的上空，我们只需要在对应的下方地面上建一个接收站就行了，并且传回来的能量还不会被大气吸收。

但是，这就需要地球上的接收站面积建得足够大，因为微波会随着传播距离的增加而发散，待到达地面时，它散开的直径可能已经高达数十千米了。很显然，要建这样一个接收站，将会面临社会和经济两方面的挑战。

用激光回传能量，好处是不会发散。传输同样的能量，地面接收装置的直径可能只需要十几米。但是，它的弊端是会被大气吸收，而且为了减少损失，我们还不能把电站建得太高，只能选择距离地面几百千米的低地球轨道。这样一来，且不说它能吸收多少太阳的能量，最大的麻烦是：为了维持轨道高度而不掉下来，它的运行速度要非常快才行，一旦速度超过了地球的自转速度，它就不会停留在同一地点的上空。这样，地面建一个接收站显然就不够了，必须沿着太空电站的运行轨道建立很多个才行。就算不考虑社会和经济方面的因素，也又多出一个国际政治因素，事情就变得更复杂了。

2. 太空电站能变成现实吗？

太空电站真的只能设想，不能变成现实了吗？

不见得哦！现在，建太空电站的成本难题正在逐步解决，设计方案也不像以前那样直接把太阳能电池板在太空中铺开，而是利用更轻便、更便宜的反光材料，先将光线聚拢起来，再反射到体积更小的太阳能电池上，这样成本就降低了很多。为了提高效率，这些由太空电站生产出来的电不需要再送回地面使用，而是直接在空中使用。比如，让飞机从烧油改为用电，减少碳的排放量，或者直接发送到月球表面使用，为月球基地供电。这不也同时解决了月球基地的供电问题吗？

总之，太空电站应该不会只存在于科幻片当中。现在，美国、日本的航天局，以及我国的航天机构等，都在为建立太空电站的可能性积极地进行研究。相信建太空电站应该不会太远了，让我们一起期待它变成现实的那一天吧！

第二章

奇妙的科技知识

如何追上一枚发射的炮弹？

你应该在电视或视频中看到过一些炮弹发射、飞行的画面，那你是否想过，以炮弹的发射速度，当它们飞过你眼前时，可能连眨眼的时间也不会留给你。那么，那些炮弹高速飞行的视频画面是怎么拍摄出来的呢？

如果你能猜到，那就太厉害了！没错，它是透过一面镜子来完成的。

1. 镜子与高速摄影机的完美配合

在拍摄炮弹飞行的画面时，先利用一面由电脑控制的反光镜来跟踪快速飞行的炮弹，并将炮弹的图像反射到一旁的高速摄影机镜头当中（如图 2-1 所示）。反光镜的旋转速度与炮弹的飞行速度相关，炮弹飞得越快，反光镜转得也就越快，再通过电脑的精确控制，就能让高速摄影机跟踪拍下大约 100 米内炮弹的飞行状态了。

实际上，旋转反光镜并不是什么高新的技术，世界上第一批高速摄影机中就有它们的身影，其中的一些摄影机仍然是目前世界上拍摄速度最快的摄影设备，每秒钟可以拍下 2500 万个画面。在这样的拍摄速度下，恐怕连魔术表演都要被

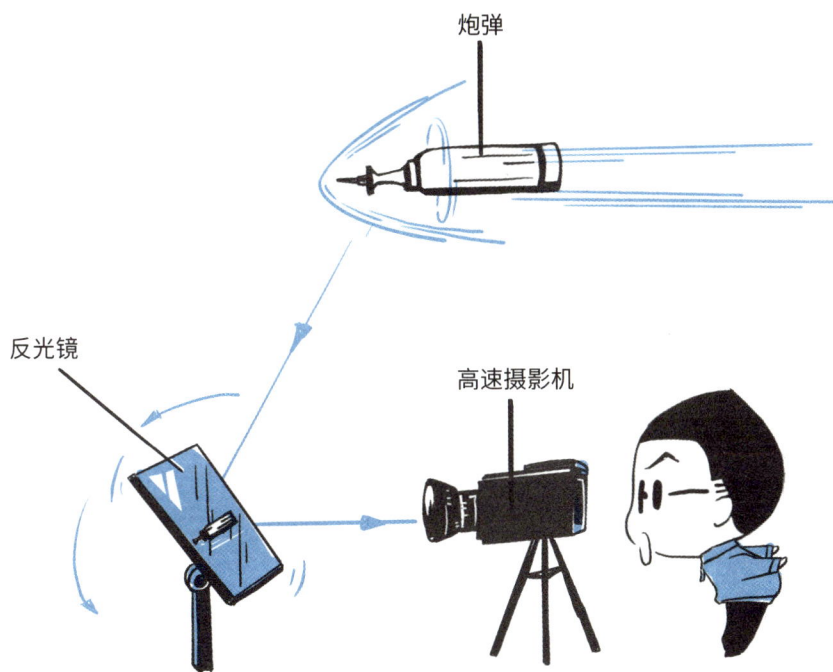

炮弹

反光镜

高速摄影机

图 2-1

识破了。

当然，它们的出现可不是为了砸魔术师的饭碗，而是为了更加宏伟的目标，就是拍摄原子弹爆炸的画面。

2. 旋转反光镜式高速摄影机的帮助

在曼哈顿计划实施期间，美国秘密研制原子弹，要求相机制造商制造一种能够拍下原子弹爆炸最初几微秒的摄影机。因为想让核原料达到临界质量并产生裂变反应，一个网球大小的钚必须被压缩到原来的一半大小，这是通过使用一组环绕在钚核周围的爆炸透镜来实现的。爆炸透镜与我们用于聚集光线的光学透镜很相似，只不过它用的材料是炸药，聚集的是爆震波而已。

　　为了能让钚核被均匀地压缩，32 个围绕着它的爆炸透镜必须完美工作，在 1 微秒之内同时起爆。任何一个爆炸透镜延迟起爆，都会导致核裂变反应不充分，甚至根本不反应了。所以，能够看到爆炸透镜起爆后几微秒的效果，对工程师而言就至关重要。肉眼是不能指望的，那就只能靠高速摄影机了。

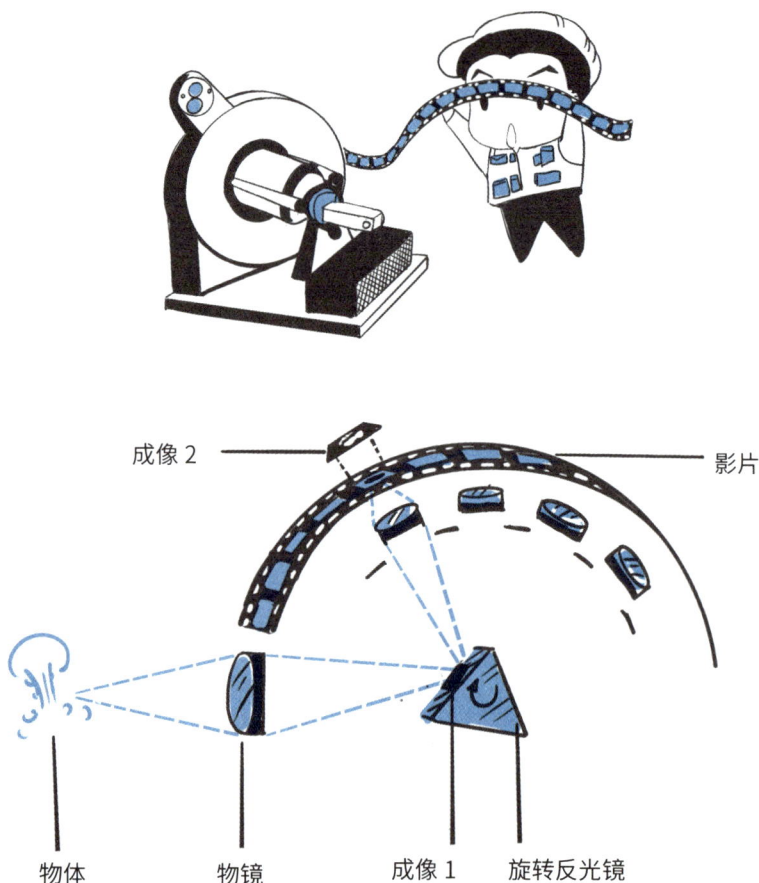

成像 2　　　　　　　　　　　　　　　　　　　　　　影片

物体　　　　　物镜　　　　　成像 1　　旋转反光镜

图 2-2

当时，最快的摄影机是 Fastax 电影摄影机，它可以拍摄每秒 1 万帧的画面，也就是每隔 100 微秒拍摄一帧画面。但是，这还远远达不到原子弹工程师的要求，于是旋转反光镜式高速摄影机就应运而生了。

第一台旋转反光镜式高速摄影机是由英国物理学家威廉·马利（William Marley）发明的，所以也叫马利摄影机。它在一个类似于捷格加廖夫转盘机枪弹鼓的圆盘中心安装了一个可以旋转的反光镜，并在圆盘四周装上密密麻麻的镜头组，每个镜头对应背后的一张胶片（如图 2-2 所示）。当中心的反光镜高速旋转起来后，就能让这台摄影机以 10 万帧 / 秒的速度将画面记录下来。

3. 没有最快，只有更快

其实，以上的速度还是不够快。于是，后续研发的马克高速扫描照相机就在马利摄影机的基础上，将速度升级到了 1000 万帧 / 秒。这就意味着，每隔 100 纳秒便可以拍下一幅画面。如果你对这个时间没有概念的话，那就想象一下，如果要把 1 秒钟分成 1000 万份，其中一份会是多短。总之，就是很短很短啦！

不过，工程师们并未在发明更快的高速摄影机上止步不前。20 世纪 50 年代，使用电磁快门的快速辐射记录相机（rapatronic camera）将拍摄间隔缩短到十亿分之一秒，可以用来拍摄核弹爆炸最初几微秒到十几微秒的动态画面了。

如今，旋转反光镜式摄影机仍然在使用，只不过它已经将以前的胶片替换成了数码感光元件，并且创造了更高的速度纪录，每秒高达 2500 万帧。这个画面间隔是多少分之一秒呢？简直让我们的想象力都跟不上了！

火车上的黑科技：詹式车钩

如果你坐过老式火车或高铁，那你有没有想过，老式火车或高铁一节节的车厢是怎么连接起来的呢？

很多人可能知道，它们是用车钩连接起来的。不过，这种车钩可不是普普通通的钩子，它是诞生于 100 多年以前，直到今天我们仍在使用的一项"黑科技"，叫作詹式车钩（如图 2-3 所示）。

1. "詹式车钩"跟詹天佑有关系吗？

听到这个名字，你可能会想：这会不会是由我国著名铁路工程师詹天佑发明的呢？

其实，它不是由詹天佑发明的，而是由美国铁路工程师伊利·汉密尔顿·詹尼（Eli Janney Hamilton）在 1868 年发明的，后来由詹天佑引入我国使用。

在詹式车钩发明之前，美国的火车使用的是一种类似于别针的车钩，即由一根有方形盲孔和插销通孔的方棍，外带一根铁制插销，再加上一个能插入盲孔的铁环组成。需要连接时，提起插销，把铁环塞入对面方棍的盲孔中，再把方棍的插销

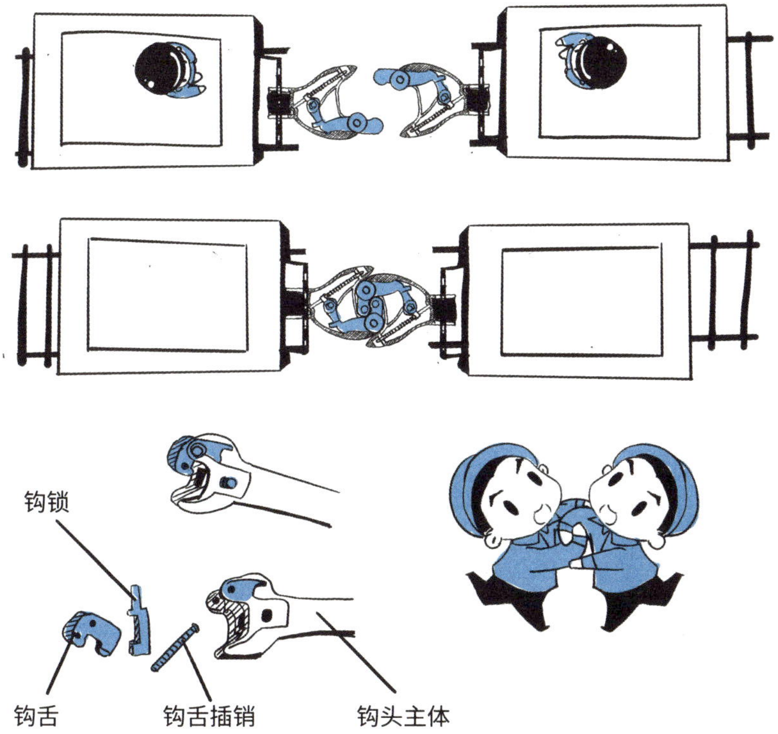

钩锁

钩舌　　钩舌插销　　钩头主体

图 2-3

插入通孔里就行了。拉的时候铁环受力，推的时候方棍受力（如图 2-4 所示）。

但是，这种车钩的缺点十分明显，就是连挂和解挂需要人工操作，既费时又不安全，很容易造成人身伤亡事故，铁路工人为此怨声载道。而且，车钩受力的是铁环、插销、方棍，显然这些零件不能做得过于笨重，因此火车的牵引重量难以提高，几千吨已经是上限了。一旦遇到坡道，牵引重量就更低了。

在同一时期，欧洲工程师发明了一种车钩，叫作缓冲饼加链式车钩，操作起来同样复杂。因为他们在把铁环挂到钩子上之后，还要再拧螺杆。两节车厢就靠着一根直径约 20 毫米、螺纹高 2 毫米的螺杆连在一起，承受的拉力自然非常有限。

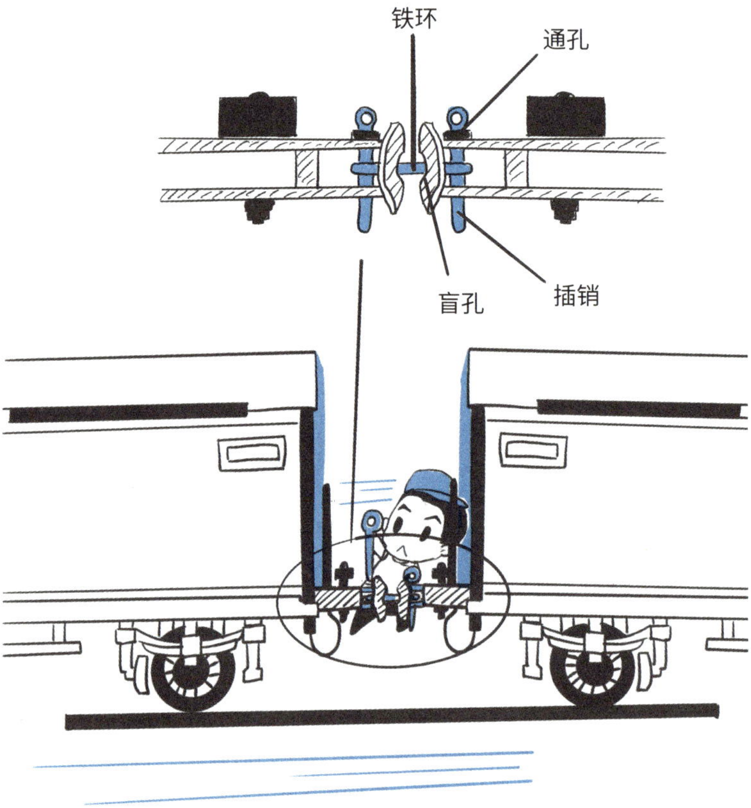

铁环　　通孔

盲孔　　插销

图 2-4

2. 由孩子的握手游戏获得启发

1868 年，美国内战退伍老兵詹尼看到一群孩子做游戏时相互握手的画面后，深受启发。于是，他设计出一种像孩子们的手互相握在一起一样的车钩，这就是詹式车钩。

詹式车钩的结构非常简单，但其中蕴藏的机械原理却很巧妙。它的钩头可以分为钩头主体、钩舌、将钩舌连接在钩头上的插销和钩锁四部分。

当我们仔细看钩舌深入钩头内部的结构，就会发现，它的下面有个斜面、上面有个台面，正好可以与钩锁上面的凸起和下面的斜面配合起来。当钩锁向下时，凸起正好可以卡住钩舌上面的台面，因此使它动弹不得。当我们向上拉锁铁时，凸起就离开了台面，而锁铁下面的斜面正好与钩舌下面的斜面接触在一起。要继续向上运动时，就会由于斜面影响而将垂直的力分解成水平的力，将钩舌推出。当然，由于钩舌被插销连接在钩头上，所以只能是被从钩头中转出来，做好了再次握手的准备。

当这样两个稍稍张开手的钩头碰到一起，相互挤压之下，钩舌就被重新挤回钩头里面，锁铁下降，凸起卡住台面，就不会再分开了。这样一番操作，根本无须人工干预，自己就能完成，解挂时也只需向上拉一下铁锁而已，非常方便。由于直接承力的钩舌强度可以做到很大，所以詹式车钩的拉力也很强，可以拉动几万吨重的列车安全运行。直到今天，一些普通列车的连挂方式仍然是詹式车钩。

当然，随着高铁技术的飞速发展，现在高铁时速已经达到每小时 250 ～ 350 千米，詹式车钩在高铁上就不适用了，因为詹式车钩钩舌间存在的间隙会严重影响车辆运行的平稳性。目前，我国的动车、高铁和地铁轻轨都是采用密接式车钩来连接车厢的，它能使相互连接的车厢间不会产生上下、左右的移动，不但能降低车钩零件的磨损，增加使用年限，还能提高列车运行的平稳性，同时也具有良好的降噪效果，这也是我国高铁运行又快又稳的原因之一。

"黑化"的潜艇

若是你看过有关潜艇方面的书，一定会发现，潜艇外壳颜色大部分是黑色的。那么，潜艇为什么不造成其他颜色呢？难道是为了在深海中更好地隐藏自己吗？

严格来说，潜艇外壳涂色的确与在深海伪装有一定关系，但这并不是唯一理由。这里，我们要分三个阶段来揭晓答案。

1. 第一阶段：核潜艇发明之前

在核潜艇被发明出来之前，潜艇浮在水面上的时间要远大于潜在水下的时间，这就使它很容易被其他水面舰艇发现。为降低被发现的风险，就需要对潜艇采取一些伪装措施。第一次世界大战时期，美国对此进行了详细实验，结果发现，将潜艇舰身涂成灰色、甲板涂成黑色，可以起到最好的视觉保护效果。在这一阶段，灰黑配就成了潜艇的主流涂装路线。

2. 第二个阶段：水面侦察机出现

20 世纪 30 年代中期，很多战舰和巡洋舰上配备了水面侦察机，从空中望下去，潜艇黑漆漆的甲板就太明显了；即使下潜，若深度不够，也很容易被发现。于是在1937年，美国在珍珠港进行了一系列测试，把潜艇涂成各种颜色。最后发现，在清澈的热带海域，深蓝色是最好的伪装颜色。

但奇怪的是，之后大量的潜艇颜色并不是深蓝色的，就连美国的潜艇也不是深蓝色的。这又是为什么呢？

原来，美国的确曾将所有潜艇都涂成了深蓝色，但他们很快发现了新问题：蓝色涂料老化得太快！涂上没多久，潜艇就褪成了乳白色，反而比以前更加显眼了。无奈之下，美国只好重新把潜艇涂成耐用的黑色。

3. 第三个阶段：消音砖诞生

到了21世纪，英国海军将一艘特拉法尔加级攻击核潜艇"托贝号"涂成了一种被称为"铁蓝色"的颜色。据说，这种颜色的潜艇在明亮的海面上被识别出来的概率，只是黑色潜艇的一半。

不过，这种颜色最终也没有沿用下来，现在大部分潜艇仍然是黑色。原因是现在的大部分潜艇已经不需要涂色了，黑色就是它们的天然底色，或者说，是覆盖在它们表面的消音砖的天然底色。相比起视觉上被看到，现代潜艇更担心被敌人的声呐听到，而覆盖在潜艇上的消音砖，既能吸收主动式声呐发出来的声波，缩小其有效的探测范围，又能减少自家潜艇内发出的噪声外溢，如发动机的巨大噪声等，因而也能缩小对方的被动式声呐的探测范围。这才是妥妥的"黑科技"！

最早使用这种消音砖的是德国，他们曾在20世纪40年代将其用在了大名鼎鼎的U型潜艇上。20世纪70年代，苏联人也开始在阿库拉级核潜艇上安装消音砖，他们发现，使用大约10厘米厚的消音砖包裹后，该级潜艇的声学特征直线下降了 20 分贝左右，十分有效。随后，美国、英国也相继在潜艇上用上了黑色消音砖。

可是，消音砖为什么要选择黑色，而不是其他颜色呢？

因为消音砖的主要材料是密布着许多微小空隙的橡胶。天然橡胶本来是白色的，之所以要将其"黑化"，并不是为了耐脏，而是为了耐磨和吸音。科学家发现，在白色橡胶当中加入碳黑材料，可以使其耐磨性增加 10 倍以上，同时消音效果也可以大大增强。不仅如此，根据加入碳黑材料比例的不同，消音砖的吸音属性也能发生相应改变，这就可以使其用在潜艇身上的不同部位，以便使潜艇达到最好的隐身效果。

这就是潜艇都是黑色的秘密了。总而言之，这么做的确是为了伪装，但不是我们想象的那种伪装。

能通过紧急抛锚停船吗？

　　喜欢看科幻片的同学可能看过美国科幻影片《超级战舰》，里面有一段紧急抛锚停船的精彩片段让人印象深刻。

　　那么，船只在航行中如果遭遇紧急情况，比如快要撞礁搁浅时，能不能像影片中那样，通过抛锚来紧急停船呢？

　　要弄清楚这个问题，我们得先来认识一下船锚，以及船锚的具体作用。

1. 船锚是什么样的？

　　早期的船锚基本上都是有杆锚，在锚杆接近锚环的地方装有一根横杆。通常我们会认为横杆和锚臂是在同一平面上的，其实它们是相互垂直的。之所以如此，是为了在船锚触底时，让锚臂能跟水底保持垂直，从而在锚链拉着船锚横向运动时，让锚爪很自然地犁到水底的泥沙当中（如图 2-5 所示）。

　　后来，人们又发明了无杆锚。这种船锚没有横杆，沉入水底后会直接平躺下来。

　　无杆锚的锚臂和锚杆都是活动的，彼此之间可以自由转动到一定角度。当两

横杆　锚杆

锚臂

锚环

图 2-5

者平躺在水底时，如果受到横向拉动，锚杆就会牵着锚臂一起移动。但由于锚爪伸在前方，自然就具有下垂的倾向，再加上水底泥沙与其他凸起物对其产生的阻挡作用，就会迫使它顺势向下挖，从而形成一个稳定的锚固点。

2. 船锚能快速停船吗？

既然船锚能在泥沙中形成稳定的锚固点，那么是否可以通过紧急抛锚来快速停船呢？就算不能一下子完全停住，船锚拖着泥沙一起跑时可以提供很大的阻力，对阻止船只继续行进也有一定作用吧？

其实，它还真不行。原因就在于，船锚必须犁进泥沙里才能提供阻力，而想犁进泥沙就要躺平了横向移动。如果开船时把船锚抛入水中，锚链基本上会跟水底呈 90 度角，这时船锚根本无法犁进水底的泥沙中，自然也就无法提供阻力，只能跟着船一起向前移动。

所以，若要紧急停船，还要想其他办法才行。

3. 不起眼的锚链

说起停船，我们首先想到的可能就是船锚，却很容易忽略另一个停船器具，就是锚链。

锚链除了能拉动船锚，还可以提供两种力：一个是平躺在水底的那一段所提供的摩擦力，另一个是悬在水中的那一段所提供的下拉力。假设有一艘船需要停在水深 100 米的海面上，那么你来猜猜，它需要抛下多长的锚链呢？是正好 100 米长的锚链吗？

显然 100 米是不够的，因为船锚躺平还需要一段锚链。一般来说，锚链的长度至少是水深的 3 ～ 5 倍才行。如果遭遇恶劣天气，则要放下水深 7 ～ 8 倍长度的锚链。一大部分锚链会沉入海底，埋进泥沙当中，为船只提供足够的摩擦力；另一部分就悬在水底与船只之间，形成一个悬链线，利用自身重力储存大量的能量。

悬链线与我们在数学中学的抛物线相似，只不过它是一条两端都有支撑的链条垂下所形成的物理曲线，所以也与数学抛物线有着完全不同的计算公式。悬链线的下垂深度与两个端点之间的间距、自身长度等都有关系：悬链线下垂得越深，材质越重，所储存的势能就越多，也就越能把海面上的船只拽住。

这么说起来，船锚的作用似乎就无关紧要了，但不管怎么说，它还是为锚链定了个起点。

4. 怎样判断锚链入水的长度？

明白了锚链在水下的作用，那么船员是怎么知道已经放下多长的锚链在水中了呢？

其实，他们是通过观察锚链上的一些特殊铁环来获悉这一信息的。普通锚链一般是黑色的，每节长约 27 米，将这些锚链连接在一起的部件叫作链环。链环由红色和白色组成，红色的在中间，白色的则在红色链环的上下两端。

如果放下的是第一节锚链，那么红色链环的两端就各自连接着一个白色链环；如果放下的是第二节锚链，红色链环两端就各自连接着两个白色链环……以此类推。通过观察红色链环两端有几个白色链环，船员就能判断已经放下多少节锚链入水了，真是既简单又直观。

坦克穿甲弹如何穿甲？

许多小军迷可能思考过一个问题：炮弹到底是尖头好还是钝头好，是带炸药好还是不带炸药好？在我看来，这好像没有什么可争议的。既然是炮弹，肯定要带炸药才好；既然是飞在空气中，自然是尖一点的流线型才更好。但是，坦克穿甲弹似乎打破了这个思维定式。现在，就让我们一起聊一聊坦克穿甲弹。

1. 穿甲与装甲的"矛盾"

既然是穿甲弹，其目的就是穿透装甲。不管是什么类型的装甲，穿甲弹都想要用强大的动能暴力将其穿透，正所谓"大力出奇迹"。但是，装甲也不会白白等着被穿透，所以，它也会变着花样给穿甲弹制造一点儿麻烦。于是，矛与盾就这样你追我赶、携手前行，半个世纪后，硬生生把穿甲弹从一枚炮弹"逼"成了一支飞镖（如图 2-6 所示）。

细看这张图，你会发现，穿甲弹的头明明是变尖了，那开头的问题还有什么意义呢？其实，我们看到的这些尖头只是一顶"帽子"，这顶"帽子"是提高穿甲弹在空气中飞行时气动性能的风帽。风帽很软，一碰就塌，不参与穿甲过程，真

图 2-6

正去穿透装甲的是弹芯。穿甲弹为什么会设计成这样呢？这就要从穿甲弹和装甲的交手过程说起了。

2. 解决穿甲弹遇到的两个麻烦

穿甲弹遇到的第一个麻烦就是装甲厚度。装甲本身有个实际厚度，叫作物理厚度。为了抵御穿甲弹攻击，装甲自然是越厚越好，但越厚就越重、越贵。后来，人们想到了一个办法，就是在不增加物理厚度的基础上，增加装甲的穿透厚度（学名叫装甲的等效厚度），即把装甲斜着放，让装甲和飞过来的穿甲弹呈一定的角度，这样就增大了等效厚度。理论上，倾斜得越多，等效厚度越大，但考虑到坦克内部的空间布局，倾斜的角度也要在一个合理的范围内。

穿甲弹遇到的第二个麻烦是跳弹。所谓跳弹，就是穿甲弹被装甲弹飞了，而这恰恰是尖头惹的祸。从弹头接触装甲的受力分析中我们就能看出蹊跷（如图 2-7 所示），当穿甲弹撞击装甲时，弹体会受到两个方向的力的作用，一个是垂直于

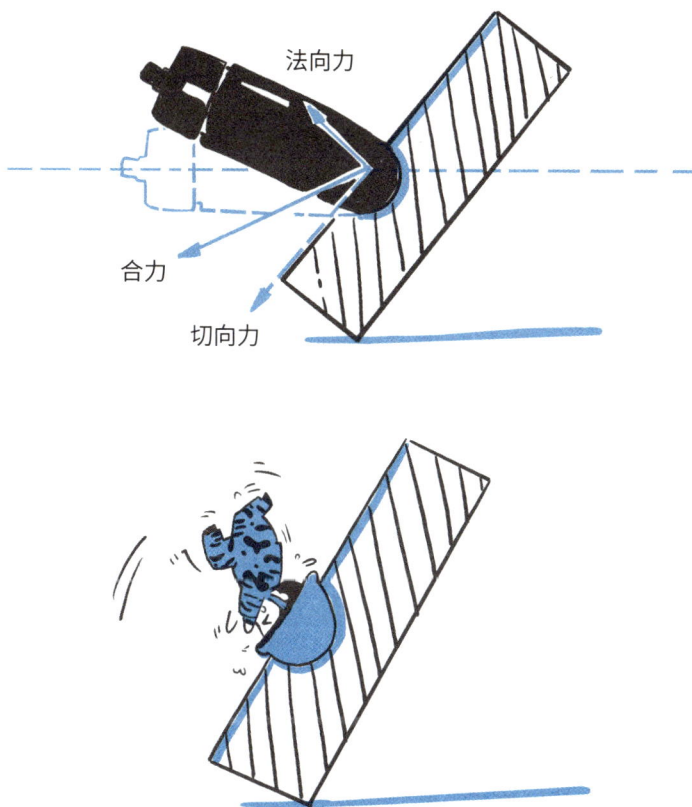

图 2-7

装甲表面的法向力，另一个是平行于装甲表面的切向力，两者的合力才是弹体真正的受力。如果穿甲弹是尖头的，由于尖头下缘最先跟装甲接触，所以它的法向力远大于切向力，合力的方向就比入射线更高，它的运动轨迹就会上飘，更有可能直接跳飞。即使能够穿进装甲，但要走更长的距离，带来的杀伤效果也会大打折扣。

而若要让穿甲弹不往上飘，就要让切向力大于法向力，这样合力的方向就低于入射线，起到"转正效应"，帮助弹头走一条捷径，直接穿透装甲，而钝头的外形就能实现这样的效果。

我们可以想象一下：当穿甲弹碰上装甲时，恰好被自身钝头的下缘磕了一下，就没稳住要往前翻，于是"屁股"翘了起来，整个弹体转到与装甲较为垂直的角度，形成一个完美的打击角度。这样一来，穿甲弹就从早期的尖头变成了钝头，同时也去掉了后部装着的炸药。因为人们发现，当穿甲弹穿透装甲时，其自身所打出的金属碎片已经足够有杀伤力了。

3. 从炮弹变飞镖

与其考虑如何增加穿透装甲后的杀伤效果，不如把精力集中在"如何让穿甲弹穿得更透"这件事上。于是，我们就看到了这样一幕幕打怪升级的场面：钝头戴上了风帽，以便降低风阻、增大射程；风帽下面又被扣上了被帽，以便保护担负主要穿甲任务的弹头免遭经过表面硬化处理的非均质装甲的破坏；要让弹头穿甲穿得更深，就要让它飞得更快，而重量轻一点，就能飞得更快一点，于是，人们把关注重点集中在弹芯上，开始用高密度、高强度的材料做弹芯，外面则采用了一些较为轻质的材料包裹，当使用相同火炮发射时，新穿甲弹的初速度明显提高了。

既然弹芯外面的部分在穿甲时完全帮不上忙，倒不如让它完成任务后直接脱落。于是，穿甲弹的设计来到了脱壳阶段。

后来，人们又发现，弹芯的长径比（柱形物体的长度与直径的比值）越大，它的穿甲能力就越强。于是，人们开始把脱壳后的弹芯向细长方向研制。与此同时，为了提高飞行稳定性和精度，又给它加上了一个尾巴，最终产生了现在的尾翼稳定脱壳穿甲弹——一个像飞镖而不像炮弹的炮弹。

以上就是穿甲弹的简要原理和发展历程，我们从中可以看到穿甲弹与装甲这对矛与盾是如何"相爱相杀"的。

充气飞机真的能飞?

在飞机撞上地面后，还能挥着双手从机舱内兴奋地走出来的，大概只有乔·贝格林（Joseph Bergling）了。很多同学可能没听说过这个人，这不重要，重要的是他驾驶了一架充气飞机。你是不是瞪大了眼睛：飞机居然也有充气的?当然。接下来，让我们了解一下这种令人难以置信的充气飞机。

1. 充气飞机初试

准确地说，乔·贝格林驾驶的是一架充满了气的滑翔机，它是由泰勒·麦克丹尼尔（Taylor McDaniel）在 1931 年设计并申请专利的，目的就是提高飞行的安全性。这架滑翔机几乎都是由橡胶制成的，相当于一个巨大的安全气囊，而且飞不高也飞不快，所以它的安全性甚至比现在很多汽车都要高。

麦克丹尼尔对自己的杰作非常有信心。在他的鼓动下，试飞员贝格林当着一众媒体的面，驾驶滑翔机冲向地面，然后就有了本篇开头的那一幕。当时的麦克丹尼尔坚信，这就是飞机的未来。

不过，未来还没到来，他的钱就已经"烧"光了，当时也没有其他人像他一样愿意这么"烧"钱了。于是，对充气飞机的早期尝试就这样戛然而止。尽管后来其他国家的工程师也有过这方面的探索，但最后都以放弃收场。大家一致认为，虽然充气飞机在设计上非常新颖，也有很多的特殊应用场景，但橡胶制成的机翼和机身实在太脆弱了，而且飞起来既慢又不稳定，除非研制出一种更加强韧的橡胶出来，否则没有实用价值。

2. 固特异的充气飞机

这时候，以生产高质量汽车轮胎见长的美国固特异轮胎橡胶公司好像看到了机会。1950 年，固特异公司的工程师们开发出一种名叫 Airmat 的全新复合材料。它有点类似夹心饼干，中间有一层普通橡胶，上下各有一层纤维层，表面再涂上一层极有弹性的氯丁橡胶，这样就让材料整体变得更加耐用、灵活和轻盈。然后，工程师们把它卷成一个充气袋，并在中间加上很多交错在一起的尼龙丝，最终形成了一种又轻又强的材料，强到足够制成一架真正的飞机。

接下来，固特异公司的工程师只用了 12 天就造出了第一架充气飞机 GA-33。在这架飞机上，只有发动机、螺旋桨、驾驶舱和起落架是硬的，其他部分都是软的。充上气后，测试结果是成功的。不久，GA-33 引起了军方的重视，因为他们看到了这架飞机的救援价值。

当时，作战飞机被击落后，飞行员跳伞逃生的概率是比较高的。飞行员落地之后，由于身处敌后，几乎不可能等来救援，自救便成了唯一的选项，而逃离敌境就是自救当中最关键的一个环节。如果这时有一架飞机可用，逃生成功的概率就会大大提高，这时候充气飞机便派上了用场。

在没有充气之前，这种飞机折叠起来只有 1 立方米多一点，重量不到 100 千克，可以把它装进一个耐冲击的箱子里，空投到等待救援的区域。拿到这个箱子的飞行员，只需要把包装松开，把机翼铺到两边，先用手动气泵充个大概，飞机整体就差不多鼓起来了；再把充气管接上发动机，用发动机来快速吹胀整架飞机，充气过程只需要 5 分钟。充满气的飞机再加入随着包裹一并到达的 76 升燃油，这架充气飞机就可以以 100 千米 / 时的巡航速度连续飞行 6.5 个小时，最高可以飞到 3000 米的空中，实现 650 千米的逃亡距离。

就这样，固特异公司一边在军方的赞助下一架接一架地开发和改良充气飞机，另一边在打着商业化的主意，准备开发民用市场。

3. 退出历史舞台

但是，充气飞机商业化还没开始，固特异公司却接二连三地接到坏消息。1959 年 4 月，一名试飞员由于起飞得太快，把机翼弄折了，而翻折到上面的充气机翼被高速旋转的螺旋桨划开了一道口子，飞机迅速分解成一堆乱飞的橡胶，所幸试飞员没事。

两个月后，另一名试飞员飞行时，飞机的控制线缆被卡住，导致一边机翼翻折，飞机失控，另一边机翼开始乱甩起来。铝制的翼尖正好打在飞行员的头部，直接将他拍出机舱。该飞行员落进一片浅湖水中，当场死亡。

这两起坠机事故，引起了人们对充气飞机安全性的担忧，连训练有素的飞行员都无法驾驭它，对普通人来说就更难了，开发民用市场很难实现。同时，当直升机搜救变得越来越普及和专业之后，充气飞机在军用市场也显然变成了鸡肋。而且，这样一架固定翼飞机，最少也得需要有两百米跑道才能完成助跑，身在敌境很难有这样的条件。

即使充气飞机能够成功起飞，也飞得又低又慢。在设计上，尽管发动机可以一直给内部充气，哪怕被子弹击穿了几个小口子，也可以保证机翼强度，但是，这些飞行员原本是驾驶飞得又快又高的飞机被击落下来的，这时候再换一架飞得更低更慢的充气飞机难道会更安全吗？答案显然是否定的，最后军方也不再买账。就这样，充气飞机的研究在 1973 年宣告结束。

尽管充气飞机最终没能获得市场的认可，但人类探索高科技的脚步却从来没有停止。同学们，如果你们对飞机或者其他科技感兴趣，一定要努力学习，将来用知识的力量去探索更广阔的科技海洋！

舰载机会降错航母吗？

随着航母的问世，舰载机有了更广阔的停靠空间。有的同学可能会有这样的疑问：如果航母太多，疲惫的舰载机飞行员会不会眼花缭乱，找不到自己的家，跑到别人家里去呢？我可以明确告诉大家，降错航母的现象真的很常见。

美国海军传统要求，当飞行员将所驾驶的飞机降落在错误的航母上时，该舰成员应该尽最大努力保持低调，以免让这位粗心的飞行员感到尴尬。但是，很多舰员都不会错过这个"恶搞"飞行员的机会。

1. 恶搞"女妖"

1952 年，从珊瑚海号航母上出击的一架 F2H-2 女妖战斗机，不小心误降在了胡蜂号航母甲板上。胡蜂号舰员们对这位"女妖"进行了恶搞。F2H-2 女妖战斗机上的"NAVY（海军）"字样被舰员们画掉，重新写上"MUST BE AIR FORCE（一定是空军）"等字样。

一直以来，美国海军飞行的难度比空军飞行的难度要高，海军的飞机需要降落在狭窄的航母上，而空军的飞机只要降落在地面上就好了。这次恶搞不仅把

"女妖"的飞行员羞辱了一番，还顺便"黑"了一把美国空军。

类似这样的事情还有很多。

2. 倒霉的 A-7 海盗Ⅱ式攻击机飞行员

在越南战争期间，美国海军小鹰号航母和汉考克号航母同时去执行对越南的封锁打击任务。当时，一架来自小鹰号航母的 A-7 海盗Ⅱ式攻击机在返航时找错了目标，误将汉考克号航母当成了自己的母舰，在返航时直奔它而去了。

很快，汉考克号航母指挥中心识别出这架 A-7 海盗Ⅱ式攻击机并不是本舰舰载机联队成员，立即用无线电对它进行呼叫，希望它改变方向返回自己的母舰。但这架舰载机的飞行员对此根本没有理会。

实际上，汉考克号属于美国海军早期的航母，排水量只有小鹰号航母的三分之一，体积也比它小了不少，所以这样的错误实在不应该犯。

汉考克号航母指挥中心在呼叫无果之后，判断这架 A-7 海盗Ⅱ式攻击机应该是在战斗中受损了，无线电通信系统可能失灵。于是，指挥中心打开了舰载机着舰灯光系统，帮助这架舰载机安全着舰。

为了救助这架可能受损的舰载机，汉考克号航母严阵以待，救援队和医疗队做好了随时救援的准备。

谁知 A-7 海盗Ⅱ式攻击机着舰后，汉考克号航母上的舰员们发现它并没有受损的迹象。为了教训一下这个无视信号指示的飞行员，汉考克号航母的舰员们在 A-7 海盗Ⅱ式攻击机的机身上涂满了各种奇葩的图案。

故事还没有结束，A-7 海盗Ⅱ式攻击机飞行员在汉考克号航母上受到戏弄返回母舰后，小鹰号航母的舰员们都劝他退役。无奈之下，飞行员退役，回到当地做了一名楼房销售员。不得不说，这名飞行员的确很倒霉。

3. 被默许的行为

关于舰载机降错航母的情况，一些美军飞行员表示，与其降错还不如被击落。我们知道，作为天之骄子，飞行员犯了这样低级的错误，受到别人各种嘲讽，心里一定不好受。

那么，为什么这些飞行员会降错航母呢？

我调查了很多案例，发现很多飞行员其实并不是故意降错航母的，有一部分是因为飞机燃油耗尽，也有一部分是因为飞机发生了机械故障。不管怎样，大部分拿这些降错地方的舰载机飞行员开玩笑的行为，最多会浪费一些油漆。所以，美国海军是默许这种行为的。

想象一下，走错"家门"的舰载机飞行员，是不是有点儿像班级里那些迷糊的同学？经常下课出去，上课时却跑到别的班级里去了。这是不是很有意思呢？

"匕首"是高超声速导弹吗?

2019 年 10 月 1 日,想必很多同学都领略了新中国成立 70 周年首都大阅兵的盛况,也见识了一些"大家伙",比如威风凛凛的东风 -17 高超声速导弹。

说起高超声速导弹,曾有一个同学问我:俄罗斯的"匕首"算不算是一款高超声速导弹呢?下面我们就来了解一下高超声速导弹。

1. 什么是高超声速导弹?

每个国家对于高超声速导弹的定义不太相同,相互之间存在一些细微的差异,但有两个核心是不变的,那就是速度和机动性。比如,美国导弹防御拥护联盟认为,高超声速导弹是指那些速度超过 5 马赫,且在整个飞行过程中能够机动的武器。俄罗斯国际事务委员会则说,高超声速导弹是速度超过 5 马赫,且在大气层中能以这样的速度进行机动的武器。相比美国的说法,俄罗斯的定义少了"整个飞行过程"这个约束条件,这就把"匕首"迈入高超声速导弹家族的门槛降低了很多,这也是俄罗斯能把它归为此类武器的关键了。

接下来,再带大家认识一下高超声速导弹的两个类型。

从速度和机动性这两点出发，现代意义上的高超声速导弹包含两类，一类是高超声速滑翔导弹，另一类是高超声速巡航导弹。

2. 高超声速滑翔导弹

高超声速滑翔导弹最初与普通弹道导弹一样被火箭推进到极高的速度，直至冲出大气层。但接下来的操作就与普通弹道导弹不一样了。它不是像弹道导弹那样在大气层外划出一条容易预测的抛物线，而是发射后不久重新进入大气层，依靠自身升力体的外形，在不使用发动机的情况下灵活飞跃数千千米，直至目标头顶。比如，我国的东风 -17 和俄罗斯的先锋。美国有两款这样的导弹正在研发中。

3. 高超声速巡航导弹

高超声速巡航导弹与前者完全不同。它在飞行时，全程都有动力，拥有不可比拟的超强机动性；它不用飞得很高，靠自身势能换动能，这意味着它更难被探测和拦截。但是，要在高速度下进行远距离的飞行，就必须给它装备一台超燃冲压发动机。就是这个难搞的发动机拦住了几乎所有研究者的脚步。

要知道其中的原因，得先知道普通发动机的工作原理。普通的发动机是以燃烧吸入的空气来发动的，但对于高超声速发动机，研究人员一方面搞不定高超声速带来的高温，另一方面也搞不定它带来的高速气流。

以美国 SR-71 侦察机为例，它所用的 J-58 发动机就是一台复杂的可变循环发动机，高速运转下速度也不过 3 马赫。如果开启冲压模式，发动机让迎头冲进进气道里面的超声速气流替代压缩机的角色，在超声速气流被进气道减速变为亚声速气流的同时即获得高压。与此同时，在燃烧室里充分燃烧后，气流会以比进气时更快的速度从尾巴喷出去，来提供推力（如图 2-8 所示）。

我们再看高超声速巡航导弹的发动机，它的进气速度会是更快的高超声速。以这样的速度，气流自己就足以把自己压缩了，于是就不需要压缩机了。而通过压缩，高超声速气流变为亚声速气流，这样就能实现更好的燃烧。气流压缩到亚声速的程度才好燃烧，但燃烧完喷出来的气流也只是超声速的而已。这一前一后反而损失了速度，最多算是平进平出。

那么，究竟如何给导弹提供推力呢？如果不把气流压缩到亚声速，而是直接让气流保持超声速状态进入燃烧室，这样气流燃完之后不就能以更高的高超声速

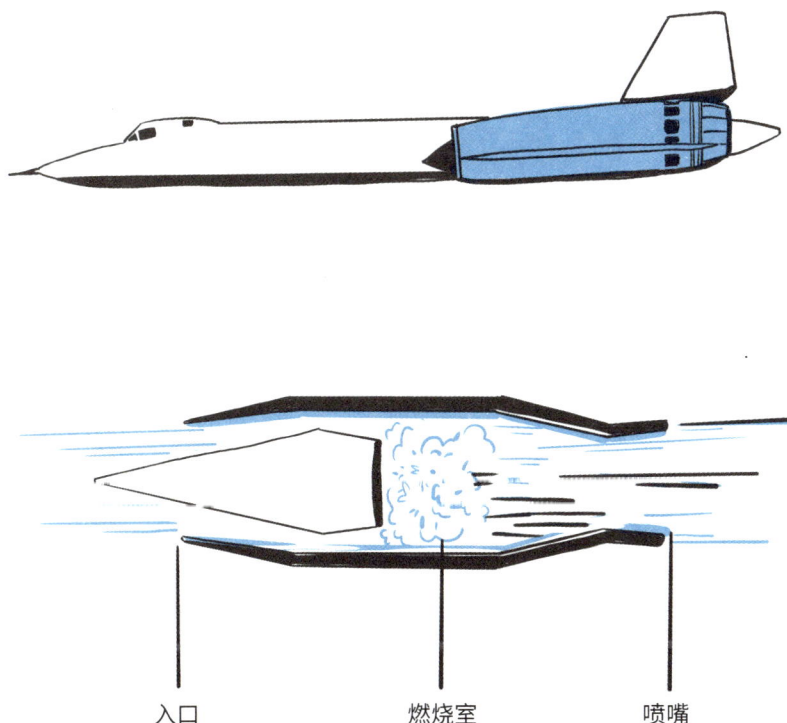

| 入口 | 燃烧室 | 喷嘴 |

图 2-8

喷出来了吗？结果，火苗却"不给面子"，在超声速气流冲击下，火苗很难稳定地燃烧。

4."匕首"到底算什么？

由此看来，"匕首"顶多算做制导弹道导弹，称之为高超声速导弹或许有些勉强。大部分时间它的表现与弹道导弹一致，只是在最后阶段靠鳍片做出一点机动动作，把自己带到目标头顶。

俄罗斯的"匕首"虽然在 2017 年才投入使用，但它并不是一款新的导弹，而是 1988 年苏联研发的伊斯坎德尔短程弹道导弹的空射改进版。在米格-31 的帮助下，它可以加速到高超声速，也的确可以在整个飞行阶段实施十分有限的机动，但它给人的感觉像是靠蛮力来完成的，跟我们理想的高超声速导弹比起来，还差一点儿意思。

所以，若要见到真正的高超声速巡航导弹，还有很长一段路要走。

现代战斗机是飞得快了，还是飞得慢了？

科技的发展日新月异，在军事方面也是如此。如果有人问你：现代战斗机跟原来的战斗机相比，速度是快了还是慢了？我想你一定会说，发动机技术越来越先进，现代战斗机肯定比原来飞得快呀。但事实上，答案恰恰相反。比如，越战时期的美国 F-4"鬼怪"战斗机最高速度能达到 2.2 马赫，而 21 世纪的 F-35"闪电 II"战斗机最高速度却降到了 1.6 马赫，每小时比前者足足慢了约 735 千米。

那么，这到底是怎么回事儿呢？我们一起来探秘吧。

1."快"是两次世界大战的战斗需求

飞机被应用于军事可以追溯到第一次世界大战时期，最初的作用是侦察和观测。大家很快发现，如果带上枪、拿上手榴弹，绕到敌机边上，就可以对它进行攻击。这种情况下，谁飞得快，谁就有优势，飞得快的总能追上飞得慢的，搞完破坏后还能快速离开。于是，提升飞行速度成了当时最重要的战斗需求。

第一次世界大战期间，战斗机的平均时速提升了 78 千米。第二次世界大战期间，这一需求仍没有过时：谁飞得快，谁就能够拦截对方的轰炸机；谁飞得快，谁就可以嚣张到连对方的战斗机也不放在眼里。比如，英国的蚊式轰炸机，它不具备任何自卫能力，甚至一杆枪都没有装。因为它太快了，快到无视所有的德国战斗机，所以根本没必要浪费宝贵的枪支弹药。

看来，"天下武功，唯快不破"这条经验得到了两次世界大战的验证。

2. 大跌眼镜的数据分析

20 世纪五六十年代，欧美国家相继研发出自己的"飙速神器"，如 F-100、F-104、超级幻密式战斗机、幻影Ⅲ，以及米格-19、米格-21，等等，每一款战斗机在加力之后都能轻松超过音速。尤其是苏联米格-25，更是达到了惊人的 22.8 马赫。美国加快了研发新一代战斗机的脚步，但飙高速飙到这个程度真有必要吗？有人冷静下来，开始认真地思考。

20 世纪 60 年代末期，美国空军将他们积累了数年的飞行数据拿出来进行分析。分析的结果让人大跌眼镜，在超过 10 万架次的飞行作战中，所有战斗机速度超过 1.4 马赫的飞行时间只有几分钟；而超过 1.6 马赫的飞行时间，更是只有几秒钟；没有一架战斗机飞到过 1.8 马赫这个速度，即使这些战斗机都有飞出 2 马赫的能力。

这是怎么回事呢？

3. 慢下来的主因：转弯率和作战半径

美国空军最初也想不明白，后来他们做了一项研究，终于揭开了这背后的真相。这一真相主要与两个因素相关：

第一个因素是转弯率。转弯率越高，机动性越好，战斗机就越能够抢占有利位置，从而先向对方开火，而转弯率与速度密切相关。骑过自行车的同学知道：我们骑得越快，越不容易转弯；相反，骑得越慢，就越容易转弯。

研究人员通过计算得知，战斗机的最佳转弯率在 0.7 马赫左右。于是，不管战斗机能开到多快，在进入战斗时，飞行员都倾向于把速度控制在亚声速。

那么，飞行员赶时间时，会不会用超声速尽快飙到战场？看样子应该会，但实际上也不会。因为他们还要考虑第二个因素，即作战半径。一旦战斗机从开始就进入超声速状态，那么它就会消耗掉大量的燃料，由此带来的影响是作战半径缩短。以 F-4"鬼怪"为例，仅仅把速度从亚声速提高到 1.5 马赫，它竟会损失 70% 的作战半径。

此时，战斗机飙高速成了一个"甜蜜的负担"。

4. 过于追求速度所带来的负担

想象一下，为了让战斗机的速度更快，工程师们都经历了什么。整个机身就是围绕着它想要达到的速度来设计的，当战斗机的飞行速度需要超过 2.0 马赫时，它的进气口会复杂很多，只有这样才能将超声速的气流减速到亚声速，以避免对发动机造成损害；它的结构和材料需要向更耐热的方向倾斜；它的机翼需要向后掠得更加厉害；它的发动机需要换上更加重型却低效的低旁通发动机；等等。这些特性不仅增加了飞机的重量、复杂程度和可维护性，更致命的是，它们在战斗机速度降到亚声速时，全都变成了缺点，极大地影响了战斗机的作战能力。

此外，还有一个重要的原因。以前战斗机飞得快，是可以躲开炮弹的；如今战斗机飞得再快，还能快过导弹吗？

反思之后，工程师开始给第四代战斗机降速，到了第五代战斗机，降速更加明显。进入 21 世纪，军事强国对战斗机已经不再追求速度了，而是在加速性上下功夫。如今，几乎所有第四代机和第五代机的推重比（战斗机发动机推力与战斗机重力之比）都大于 1，它们不仅能够水平飞行，垂直加起速来也不含糊。

　　总之，今天战斗机的速度看起来虽然慢了，但其机动性却比以前增强了很多。

潜艇甲板炮如何防水、防炸膛？

很多人都知道，现代潜艇作为水下利器，最厉害的两个"撒手锏"就是鱼雷和导弹。但鲜为人知的是，两次世界大战中潜艇上还有一种很重要的武器配备——甲板炮。毕竟，在导弹还没有被装上潜艇的早期，潜艇鱼雷的携带量是有限的。为了保证持久的战斗力，在面对一些威胁不大的敌船时，潜艇往往会使用甲板炮进行攻击。

那个年代，潜艇大多数时候都是浮在水面上的，因此甲板炮就成了标配。那么，问题来了，保持炮管干燥对甲板炮来说很重要，待潜艇下潜时，如何保证炮管的干燥呢？

对于甲板炮的使用与保养，一些国家自有方法。

1. 德国人给甲板炮戴上了"口罩"

第一次世界大战之前，德国 I 型、Ⅶ型、Ⅸ型和 X 型潜艇均装备了威力强大的甲板炮，技术熟练的操作手可以用 15 发 / 分钟～ 18 发 / 分钟的速度射击。甲板炮通常由潜艇第二值更官率领 3 ～ 5 人操作，攻击那些已受重创或吨位较小的船只。

德国人对甲板炮的防水处理很简单，就是在炮口处加一个"口罩"。实际上，由于潜艇在作战时上浮和下潜的频率很高，所以很难做到每次下潜都加戴"口罩"，或者每次开炮前摘下"口罩"。当然，因开炮仓促而来不及摘下"口罩"的情况时有发生，有时甚至会发生炸膛事故。

2. 美国人给甲板炮的好待遇

相比德国人，美国人对甲板炮的处理要认真得多。他们不仅在防水上下足功夫，而且为了防止像德国甲板炮那样炸膛，也做了很好的处理。

美国人最初觉得甲板炮这么金贵的东西，下潜时当然是要收回来装进一个水密舱里面以保持它的干燥。于是，在以做实验为目的制造出来的 M-1 潜艇上，美国人给 3 寸口径的小巧甲板炮做了细致的设计——甲板炮既可以升起来架在甲板上提供火力（如图 2-9 所示），又可以收起来装到甲板下方的水密舱里（如图 2-10 所示），保持干燥。美国人的做法算得上很精细了。

图 2-9

图 2-10

3. 潜艇甲板炮常态化

等到制造 LG 潜艇时,甲板炮收缩的概念依然保留,但形式略有变化,不再是整个收进水密舱,而是把它部分收起来,只让后膛收到甲板下方,炮口和炮盾则留在外面。炮盾之所以要做成圆鼓鼓的,是因为它需要扮演一个水密舱盖的角色。至此,甲板炮的好待遇结束了。毕竟,它不是装饰品,而是要讲究战斗力的,要求它有大口径和大倍径。当它的块头加大后,自然就难以全部收回甲板下面了。一直留在甲板上,才是潜艇甲板炮的常态。于是,新生产的甲板炮无一例外,采用耐腐蚀金属制造。

铜具有很强的耐腐蚀性,所以甲板炮能用铜的地方就用铜,可以完全裸露而不用处理,不能用铜的地方先涂上厚厚的防锈漆,再抹上黏稠的油脂。然而,这些保护措施并不是万无一失的,潜艇在下潜一段时间后,需要在周边无敌情的前提下上浮,艇员们利用这段时间对甲板炮进行维护保养,如补漆、加涂防护油脂、擦拭齿轮等。

如果突然遇到敌情,要马上下潜,就用塞子把炮口堵起来,或者直接下潜也没有问题,大不了炮管换勤一点,这样还不用再担心因开炮忘取塞子而引发炸膛事故。显然,美国人在这方面比德国人做得更专业。

随着现代高科技对战争的影响,甲板炮的实战意义越来越小。第二次世界大战以后,随着柴电动力技术、不依赖空气推进技术越来越成熟,常规动力潜艇的持续潜航时间可达两周以上,核潜艇更是可以长时间在水下航行。自此,潜艇甲板炮退出历史舞台。

潜艇上有没有窗户？

作为长时间巡航在水中的"大家伙"，潜艇可以潜入数百米深的深海大洋。那么，它有没有窗户呢？如果没有，它又是怎么观察水面情况的呢？下面，我就带领大家认识一下神秘的潜艇。

其实，早期的潜艇是有窗户的。随着科学技术的发展，现在只有小部分潜艇保留着窗户，大部分潜艇已经没有窗户了。

1. 美国大部分潜艇没有窗户

美国人认为，在潜艇上装窗户是多此一举。

首先，不管舰桥上有没有窗户，在潜艇进出港口浮在水面航行时，都需要有人上去观察。其次，安装在潜艇上的窗户，到水下极可能会因为水压而破裂，造成事故。与其冒这样大的风险，不如干脆不装了。

2. 俄罗斯部分潜艇有窗户

与美国不同，俄罗斯有一部分潜艇装有窗户。

一方面，俄罗斯的港口位置没那么好，每次出港都需要长时间在水面航行；另一方面，俄罗斯港口的天气比较恶劣，不是天寒地冻就是疾风骤雨，让艇员长时间露天观察，有点不近人情。所以干脆就把顶部封闭起来，让他们好好待在舱内。

有的同学会说，待在舱内要怎样看到外面的情况呢？

俄罗斯人想了个办法，他们在潜艇的围壳上设置了一个小型操舵室。当潜艇在水面航行时，为了更好地躲避水面上的船只和障碍物，操舵兵需要从潜艇指挥控制舱进入操舵室内，进行水面航行操作。在特殊情况下，如遭遇风大浪急的情况时，有这样一个非开放式的操舵室是非常有实际意义的。

操舵兵可以通过操舵室的窗户向外观察，但操舵室上的窗户并不结实，它们是用一些类似于聚丙烯的塑料制成的。那么，潜艇潜下去之后，这种窗户是怎么扛住水压的呢？事实上，它不需要抗水压，潜艇潜入水中之后，会有意地将操舵室泡进水里，待潜艇上浮把里面的水漏干后，操舵兵才会再次进入。也就是说，这个小型操舵室只有潜艇在水面航行时才起作用。潜艇在水下航行时，整个操舵室会被水淹没，不具备使用功能。

3. 未来潜艇将不再有窗户

如今，俄罗斯人越来越意识到，在潜艇上加装窗户存在诸多弊端。比如，它会导致潜艇潜航时产生过大噪声，不利于潜艇的隐蔽。

潜艇的低噪声性，一直是评价潜艇性能的一个重要指标。当水流冲击潜艇时，潜艇会发出噪声。潜艇主要发声部位在首部、尾部以及指挥塔。为了避免发出噪声，人们把潜艇设计成水滴形。而垂直于潜艇的指挥塔，在航行的时候同样会因阻挡水流而产生噪声。若在指挥塔上加装窗户，指挥塔表面就会出现凸凹面，而玻璃上因不能安装消声瓦，噪声就会变得更大。显然，这不是他们想要的结果。

随着科技的发展，电子海图等高新技术逐步被应用于潜艇上，潜艇的窗户最终会退出历史舞台。

有的同学会问，在那些没有窗户的潜艇里，艇员要如何观察外部情况呢？

很简单，现代潜艇在水下都是凭借电子海图航行的。如果想要观察海平面或者空中的情况，只需要在潜艇上安装潜望镜就可以了。

一般来说，现代潜艇内都安装了两部潜望镜，一部是攻击潜望镜，另一部是观察潜望镜。观察潜望镜就是用来观察海空情况和导航的，而攻击潜望镜则是用来发现和瞄准水面目标的。如果要让潜艇浮出水面，艇长就会指挥潜艇上浮到潜望深度 [1]，他先用潜望镜对海平面进行 360 度的观察，然后用雷达侦察仪对周边无线电信号进行侦测，直到确认没有任何威胁时，才会令潜艇浮出水面。

具备了如此先进的观察系统，就不需要给潜艇开窗了。

1　潜艇在水下使用潜望镜观察海面和空中的情况时所处的航行深度。潜望深度一般比较浅，常规潜艇的潜望深度一般为 7～10 米，核潜艇为 9～15 米。在这个深度，潜艇可以伸出通气管、雷达天线、无线电天线等设备，与外界进行通信和导航。

SR-71"黑鸟"侦察机其实是一架"苏联飞机"

美国的 SR-71"黑鸟"侦察机，拥有高空高速飞行能力，被称为美军监视别国的"上帝之眼"。

不少小军迷都知道，SR-71"黑鸟"侦察机是由大名鼎鼎的洛克希德臭鼬工厂研发的。但很少有人知道，洛克希德臭鼬工厂还有一个"联合研发方"——苏联。这是怎么回事呢？

1. 神出鬼没的"黑鸟"

SR-71"黑鸟"侦察机被认为是当时世界上飞行速度最快、飞行高度最高的飞机。1976 年，它曾创下两项世界纪录：一项是绝对飞行速度，达到了每小时2193.167 英里（约 3529 千米）；另一项是绝对飞行高度，达到了 85068.997 英尺（约 25929 米）。

SR-71"黑鸟"侦察机能有这样的速度，离不开它强有力的动力系统——冲压发动机。它配备了两台普惠 J-58-1 变循环发动机，每台发动机会为它提供 151 千牛的推力，且可以长期稳定地提供高强度的推力。发动机外有 6 个导气管，当航空器飞行时，迎面气流在涵道中转变为压力能，经过压缩进入燃烧室，所生成的高温燃气加速膨胀后排出，从而产生推力。

　　SR-71"黑鸟"侦察机的外表非常炫酷，它全身漆黑，采用三角翼布局，两台发动机被隐藏在两侧的机翼中。这样的设计使它看起来像是黑夜中的大蝙蝠，散发出浓浓的危险气息。它就像一个在黑夜中随意出入的幽灵，虽然有的国家曾发现过它的踪迹，也锁定过它的位置，但没有一个国家击中过它。就连苏联创造过"甩掉空空导弹"神迹的米格-25，在多次"蹲守"之后同样无功而返。

　　除了炫酷的外形，SR-71"黑鸟"侦察机本身的性能和战斗力也极为引人注目。它的机体采用价格高昂的钛合金制成，钛合金材质的外壳具有非常好的耐高温性能，它可以抵抗快速飞行的 SR-71"黑鸟"侦察机与空气摩擦产生的高温。

2. 来自苏联的"钛"

　　当 SR-71"黑鸟"侦察机依靠加力燃烧在 25000 米高空中以 3.2 马赫的速度巡航时，尽管窗外的气压几乎不到地面气压的 3%，接近真空，可是驾驶舱由于与外部摩擦生热，温度已经达到了 220 摄氏度，与家用烤箱最高挡位的温度差不多，到了机翼前缘，温度更是高过了电烙铁，而与加力燃烧室一墙之隔的发动机短舱的外部温度则达到了 560 摄氏度。

　　面对这样的高温，普通的航空材料根本扛不住，能够与之一战的唯有钛和不锈钢。前者的重量只有后者的一半，且耐高温，纯钛的熔点是 1600 摄氏度，加入合金元素制成的钛合金在 1300 摄氏度的高温下也不会产生形变或改变硬度。所以，钛当之无愧地成为 SR-71"黑鸟"侦察机的首选，最终钛占机身结构重量的93%，也就是 30 吨中的 27.9 吨，这自然需要大量的钛矿做后盾。

可惜美国当时没有这么多的钛矿，只得把目光瞄准了头号对手——钛资源丰富的苏联。

说干就干，接到任务的美国中央情报局立即采取行动。在注册了大量的空壳公司、伪造了大量的交易数据后，他们终于从苏联进口到了所需的钛矿石。美国国家航空航天局利用这些钛矿石制造了 25 架 SR-71"黑鸟"侦察机。开心数着美元的苏联人做梦也想不到，卖出去的钛矿石已经化作了一只只大"黑鸟"，在头顶上偷偷地盯着他们的一举一动呢。

3. 无奈退役

没想到，这样一款当时所向披靡的侦察机仅服役 20 多年，就早早退役了。

一方面，由于 SR-71"黑鸟"侦察机的性能太先进，维护成本太高了，就连经费充足的美军也吃不消了；另一方面，进入 21 世纪，现代武器性能已经朝着多功能方向推进。随着无人机技术的快速发展，安全性更高、速度更快的无人侦察机诞生了。而像 SR-71"黑鸟"侦察机这种既不能进攻，又没有强大的自我保护能力的飞机，就显得有点"鸡肋"了。

最后，美国人只能忍痛把 SR-71"黑鸟"侦察机放在博物馆里，供人们参观。

燃料空气炸弹

记得小时候，我被一部名叫《极度恐慌》的电影吓得差点失禁，不是因为里面恐怖的病毒，而是因为处理病毒和燃料空气炸弹的场面。第一次在荧幕前看到这种规模的非核爆炸，感觉是相当震撼的。我后来还了解到，电影里的特效是收着做的，实际情况比电影里的更加震撼。现在，让我们一起来见识一下燃料空气炸弹的威力。

1. 熔化"一切"的燃料空气炸弹

燃料空气炸弹是能够熔化"一切"的，其威力不比核弹差多少。普通炸弹是将燃料和氧化剂混合好，装在一个有限的空间内，点燃后使其在短时间内膨胀到一个巨大的范围，以此来制造强烈的冲击波。

燃料空气炸弹中装的则全部是燃料，而且会发生两次爆炸：

第一次爆炸是炸开弹体，里面的燃料会均匀散布到周围的空气中，形成微小的颗粒和气溶胶[1]，这样可以获得与氧气的最大接触面积。

第二次爆炸是由延时打火装置打出火花，瞬间点燃周围整片燃料云，由此爆炸带来的冲击波在破坏性和持续性上要比普通炸弹大得多。

另外，由于爆炸在短时间内将一整片区域的氧气全部消耗掉了，所以它也制造出一个低压的环境。处于低压环境的所有人员和物品，要么被冲击波给震碎，要么会由于周围环境突然失压，从而在自身内部的压力下，由内而外发生爆炸，是不是很可怕呀？

2. 恐怖的温压弹

更恐怖的是，为了让燃料空气炸弹变得更加有效，人们还在其基础上研发出了温压弹。把燃料空气炸弹里面的液体燃料替换成固体有机物或者活泼金属，再在其中混入少量氧化剂，将原本燃料空气炸弹的两次爆炸整合成一次，解决了燃料团被吹散的缺点，其效率会变得更高。

温压弹特别适合用来杀伤有限空间（如洞穴、地下工事或者建筑物等）内的敌人。它不仅能让敌人缺乏氧气窒息或者燃烧而亡，还可以破坏地下工事里的设备系统。

尽管温压弹已经有如此强大的杀伤力，但有的人还嫌不够。美国为了使温压弹的威力最大化，便用 900 千克的钻地弹作为弹体，还采用先进的激光制导和全球定位系统制导。美国批量生产了这样的温压弹后，将其投入战场。比如，在阿富汗战争中，美军的温压弹就发挥了显著的作用。即便在温压弹被允许使用的情

---

1 悬浮在气体介质中的固态或液态颗粒所组成的气态分散系统。

况下，美国还是受到了一些国际反战组织的抨击。

美国虽然是较早发展温压弹的国家，但并不是全球唯一拥有温压弹的国家。俄罗斯为了碾压美国，专门研发出更厉害的温压弹。比如，俄罗斯研发出装有温压弹头的 TOS-1 火箭炮系统，这种火箭炮系统不仅能有效打击野战阵地的军队，还能够被用来清理雷场，以及摧毁其他重要的目标。如今，TOS-1 火箭炮系统已经成为俄罗斯武器库中仅次于核武器的武器了。

除了美国和俄罗斯，我国也拥有温压弹，但它在我国存在的主要意义是防御。我国研发出来的第三代温压弹，无论是冲击波的强度还是二次爆炸整合后的威力，都超过了美国的温压弹。另外，英国和韩国也在研发这种炸弹。

不论是燃料空气炸弹还是温压弹，它们都有着非常强大的威力。我们热爱和平，希望它们永远不要出现在战场上。

开启"烧烤模式"才能上天的火箭

美国德尔塔IV运载火箭升空时，我们能够看到火箭尾部向上喷出很多橘色的火焰。这意味着在发动机真正向下喷火之前，火箭得先向上燃烧自己一段时间，把原本漂亮的涂层熏黑之后，火焰才会掉头向下。

难道德尔塔IV运载火箭和其他火箭不一样，非要把自己"烤焦"才肯飞上天吗？下面，我们就一起来一探究竟吧。

1."御用"发动机

德尔塔IV运载火箭上面的 RS-68 发动机是美国现役推力最大的氢氧火箭发动机。这台发动机从 20 世纪 90 年代开始研发，直到 21 世纪才告一段落。RS-68 发动机首次成功测试是在 1998 年 9 月 11 日，而首次使用该发动机的德尔塔IV运载火箭的试飞是在 2002 年 11 月 20 日。

因为 RS-68 发动机造价低廉，美国国家航空航天局在 2006 年就用它取代了战神 5 号运载火箭原计划使用的主发动机。后来，美国国家航空航天局对它进行了优化，优化后的 RS-68 发动机成本只有 2000 万美元。

虽然 RS-68 发动机具备价格低廉、推力大两大优势，但苏联的火箭却一直使用液氧煤油发动机，氢氧发动机一直没有得到他们的重视。

我们再来看美国国家航空航天局对 RS-68 发动机的改进。他们不仅替换了一个新的烧蚀喷嘴来适应燃烧时间的增长，以缩短启动流程，还更换了点火时限制氢逸出的设备，以减少发射倒计时阶段氢的用量。改进后，RS-68 发动机的推力和比冲[1]都得到了提升，成为德尔塔Ⅳ运载火箭的"御用"发动机。

2. 火焰为什么向上燃烧？

为了使 RS-68 发动机正常工作，当其运行几秒之后，必须打开氢气阀，以使发动机内部处于一个负氢环境。

为什么要这样做呢？因为相比氧，氢的化学活性要低很多，它不可能像氧那样在关键器件还没有真正运行起来之前就将它们腐蚀掉，这时需要在火箭的尾部优先释放氢。由于氢的密度比空气低很多，它会快速上升，聚集在火箭的四周。

而当氢的含量在空气中达到一定的比例时，点火就会引发爆炸。为了避免氢气聚集达到爆炸的比例水平，发射台上会故意制造火花将其点燃，于是形成了开头那样"烤火箭"的惊人场面。实际上，这是一种减灾措施，科学家认为相比弄坏发动机，弄脏几片绝缘材料相当值得。

3. 省钱的喷嘴

RS-68 发动机喷嘴的价格也非常低廉。RS-68 发动机的燃烧室采用了苏联发

1　指单位推进剂的量所产生的冲量。

明的通道壁技术，即在燃烧室外层装一层壳，这层壳的中空层就是冷却通道。与其他发动机在其内部埋数百根装有冷却燃料的铜管来降温不同，RS-68 发动机的喷嘴内壁采用的是烧蚀材料——石墨。石墨是一种结晶形碳，成本较低，喷嘴内壁里面的石墨都是直接被涂上去的，这样的做法既简单又省钱。

当然，这也符合 RS-68 发动机核心的设计目标——一种低成本的氢氧火箭发动机。那么，如何通过石墨来冷却降温呢？

石墨在空气中或氧气中被加热就会燃烧，同时生成二氧化碳。通过烧蚀降温，即边飞边烧自己的喷嘴，来带走燃烧产生的大量热量，可以防止喷嘴过热。这样做虽然增加了 RS-68 发动机的重量，但也降低了它的制造难度，还是很合算的。

看到这里，你一定明白了，美国德尔塔Ⅳ运载火箭发射时尾部被烧得发黑，不仅没有危险，反而还是一种自我保护呢。

关于航天飞机运输车的冷知识

我们经常在电视屏幕上看到火箭升空的画面。细心的同学们会发现，有的火箭会运载航天飞机，它们两个一起在发射塔被发射升空。那么，航天飞机这么大，它是怎么被运输到发射现场的呢？

1. 爬行者的诞生

美国肯尼迪航天中心二部有一台超期服役的 Major 履带式火箭运输车，它在此工作了半个世纪，曾经执行过将阿波罗飞船和航天飞机运送到发射塔的任务，是陆地上最大的汽车，被称为"爬行者"。

爬行者是一个像盒子一样的矩形钢结构，长 41.2 米、宽 34.7 米、高 6.1 米，自重 2722 吨；加上火箭、飞船、发射架和发射平台，总重量达 8100 多吨。它的一前一后呈对角线的位置上安装着两个驾驶室，因此前后都能驾驶。

航天飞机就是被爬行者送到发射台的。那么，为什么要建造这样一个庞然大物呢？原来，肯尼迪航天中心位于佛罗里达州，那里的天气非常糟糕，降水集中在夏季，且夏季漫长又潮湿，还经常遭遇飓风袭击。因此，需要一台运输能力非常强大，还能在恶劣条件下保持安全稳定的设备，爬行者便应运而生。有了这样一台运输车，航天飞机运载火箭就可以在装配车间内完成组装，然后被运送至发射塔。

此外，肯尼迪航天中心还有两台运输车——"汉斯"和"弗朗茨"，它们的服役期也达到了50年。它们承担着阿波罗飞船、天空实验室、阿波罗-联盟飞船和航天飞机运输任务，总计行驶已经超过5500千米。

可以说，爬行者毫无疑问是人类制造的最强大的车辆之一。把它跟走在旁边的工作人员比较一下，就能体会出它有多么巨大了。鲜为人知的是，如此庞然大物，其方向盘却非常"迷你"。

关于爬行者，有两个你不一定知道的知识：第一，每次这辆"巨无霸"在行进的时候，前面都有一辆洒水车在不停地洒水；第二，在这辆车的前部，有两个大圆盘。这是为什么呢？接下来，我们一起来了解一下。

2. 用洒水车洒水降尘

爬行者的职责是将航天飞机连同发射台一起，从组装配件的大楼运送到发射场。由于全车过重，无法用轮胎支撑，所以采用了履带式设计。爬行者4个角上各"长"着一只"大脚"，每只"大脚"上"穿"着两只"铁鞋"——30米长的履带，每条履带由57节钢链组成，每节重一吨。每只"脚"可以绕一根巨大的导管转动，用来改变方向，使"爬行者"以每分钟10度的速度完成半径为152米的转弯。

这么重的一个"巨无霸"行走在道路上，必然会对道路造成极大的损害，只有经过特殊处理的路面才能承受住这个庞然大物。通常的路面，金属履带滚过之后会产生火花，而火箭燃料一旦遇到火花就会发生爆炸。为了确保金属履带滚过时不会产生火花，爬行者有专门的运输路线，路面全部铺设了河沙和碎石。

从肯尼迪航天中心的垂直装配车间到 39 号航天发射复合体的发射塔，随爬行者同行的工作人员有几十个，他们和运输车一样，走在这条铺满了河沙和碎石路上。这些河沙被数千吨的爬行者碾过之后，必然会被磨成粉尘，如果工作人员把粉尘吸入肺里面就可能影响健康。于是，科学家们让工作人员驾驶洒水车，行进在运输车的前方，通过洒水的方式将路面打湿。这样一来，被水浸湿的路面被金属履带碾轧时，就不会扬起大量的粉尘了。这不仅防止了工作人员将粉尘吸入肺里，同时也避免了粉尘污染运输设备及上面的承载物。

3. 两个各管一边的圆盘

爬行者前方有两个圆盘。这两个圆盘乍看上去像汽车的刹车盘，一左一右各管一边。而且，每个圆盘下方各有两个蓝色的刹车钳，一个负责用液压驻车，另一个则负责在行驶中用气压刹车。

从装配间到发射塔大约有 5.6 千米的距离，其间有弯道，甚至还有坡度为 5% 的斜坡。一路上，那个几十人的团队始终陪伴在运输车的周围，边走边通过无线电互相报告情况，充当司机的眼睛。看起来并不是那么远的路程，实际上走起来却要花费数小时，负载时最快时速只有 1.6 千米。虽然行车的速度非常慢，但在这么长的时间里，要应对一路上的各种情况。为了保证行车安全，这两个刹车盘起到了至关重要的作用。

所以，看似不那么重要的洒水车，实则必不可少；看似不起眼的刹车盘，也为运输车的安全行驶提供了有力保障。现在，这两个非常容易忽略的知识点，同学们了解了吧？

如何给珠峰量"身高"？

珠穆朗玛峰是地球上最高的一座山峰，同学们应该都知道。每隔几年，人们就会给它测量一下"身高"，你们知道这是为什么吗？

对于渴望长高的你来说，经常测量身高是很有意义的。但是，山也会长高吗？为什么每隔一段时间就要去给它测"身高"呢？事实上，珠峰的确在"长高"。

1852 年，英国人一次测量得到的珠峰高度是 8839.8 米。珠峰最广为人知的高度是我国在 1975 年测量得到的 8848.13 米。后来，我国又在 2005 年、2015 年和 2020 年，分别测量了珠峰的高度，2020 年测出的珠峰高度为 8848.86 米。

那么，为什么要给一座山测"身高"呢？下面，我们就一起来了解其中的奥秘吧。

1. 为什么要给珠峰测"身高"？

由于冰川变化、地壳运动、地震活动的影响，珠峰的高度实际上并非一成不变的。通过测量珠峰高度的变化，可以了解地质活动和生态环境方面的变化，为制定整体环境政策提供参考。所以每隔几年就要重新测量，这是很重要的。

随着科技的发展，测量珠峰的技术也在不断进步。以前人们测量珠峰，只能拿根棍子插到雪里面，等插不动了就抽出来，直接把雪淹没棍子的深度视作珠峰顶上的雪层厚度，跟在门框上画线量身高一样原始。现在有了雪深雷达，用它来测量雪深要精确了很多。

以前在用全球导航卫星系统来对珠峰进行遥感测绘时只能用 GPS，现在我们有了自己的北斗导航卫星系统，测量就变得更加简单、更加精准了。

在珠峰这一地球上最严苛的环境中实战，可以不断改进和完善这些先进的测绘技术。我国之所以能够建造出世界上最长的港珠澳大桥，有些方面也要归功于珠峰的测量实践。

现在你知道为什么要每隔几年就要给珠峰测量一下"身高"了吧。不过，这时候出现了一个新问题：给孩子量身高很容易，只要靠墙一站拿把尺子就可以了。但是，珠峰有几千米的高度，我们要用什么方法来给它量"身高"呢？

2. 给珠峰量"身高"的方法

给珠峰量"身高"大致有三种方法，下面我就给大家来简单讲解一下。

方法一：三角测量

这种方法就是通过直角三角形的已知边长和角度来计算出未知的边长。这条未知的边长就是我们想要知道的山峰高度了（如图 2-11 所示）。在实际操作中，为了做到足够精确，首先是设立觇标，好让山脚下的测绘人员有地方瞄准。

其次，是要确定三角形另两个参考点的精确位置，记录它们的坐标、海拔等信息，这样才能依据它们计算出最终的结果。

图 2-11

方法二：全球导航卫星系统

利用全球导航卫星系统来测量，是需要我们带上卫星信号接收装置爬上山顶的。也许有的同学会说：全球导航卫星系统不是用来定位的吗？其实，它也可以用来测"身高"。不过相比起来，卫星定位既快又准，而定高就要慢很多了。它需要我们在卫星收集到足够多的信息前待在原地很长一段时间。

方法三：摄影测绘

如果让测绘人员长时间待在山顶，无疑会增加许多不确定的安全隐患。于是就有了第三种方法——摄影测绘，一个不需要我们亲自跑到现场的测量方法。研究人员只需派一架摄影测绘飞机飞过要测量的山峰，拍下一些高清照片，然后把它们输入电脑，利用专门的软件生成这座山的 3D 模型，就能够算出它有多高了。

只不过，珠峰上天气恶劣，摄影测绘飞机要飞过珠峰好像有点困难。所以，现在测量珠峰的"身高"，主要还是采用上述方法中的第二种，那就是登山队员先爬到山顶，通过先进的北斗导航卫星系统，依靠登山队员携带的卫星信号接收装置精确定高，然后再由系统准确计算出珠峰的高度。

只有航母才有舰载机吗？

一架固定翼飞机从一艘船上起飞，大多数同学想到的是：它一定是从一艘航空母舰上弹射起飞的。但是，大家回想一下记录第二次世界大战的一些影像资料就会发现，当时的战列舰和巡洋舰上也是载有飞机的，而且不是垂直起降的直升机，是需要滑行才能起飞的固定翼飞机。

当时的战舰尾部本身就很局促了，也确实没有可以供飞机起降的飞行甲板，那么带上它们又有什么意义呢？更关键的是，它们又是如何在没有飞行甲板的战舰上起飞和回收的呢？

1. 舰载机是被"弹"出去的

想要把舰载机"弹"出去，就需要用到一个东西——弹射器。为了在有限的距离内，让飞机加速到不至于掉进海里，弹射器一般拥有非常强劲的动力来源，比如现在用得最多的蒸汽弹射，以及未来肯定会用上的电磁弹射，等等。相比现在，第二次世界大战或更早时期装在战舰上的弹射器就要朴实许多，那时所用的弹射器就是把炮弹发射出去的药筒，有点像我们小时候看的电视剧《恐龙特急克

塞号》里面的"人间大炮"。只不过，在这里被弹出去的是一架飞机，而不是克塞
战士。

2. 为什么要用"炮弹"把飞机"打"出去？

之所以采用这个方法，主要基于两个原因：第一，药筒里的炸药爆炸后能在
瞬间产生大量的高压气体，而这些气体可以推动活塞以极高的速度向前运动，能
够使挂在活塞上的飞机加速起来。第二，这些弹射器使用的是直径 5 英寸的药筒，
而 5 英寸的舰炮几乎是每艘美国军舰的标配，既然本来就要用到大量的 5 英寸药
筒来发射炮弹，就顺便用它来发射飞机，一物多用，省时省力。

有人可能会问，没有飞行甲板，飞机被弹射出去以后，要怎么回来呢？

3. 飞机返回时落在哪里？

答案可能有些不可思议，那就是：落在海里。

细心的同学会发现，这些飞机都有一个共同的特点，就是身下都带着浮筒，
这说明它们都是水上飞机。所以，当执行完任务返航时，海面就成了它们的临时
飞行甲板。它们先是降落在战舰附近的海面上，慢慢靠近战舰，再由战舰用起重
机把它们吊回到甲板上。

当然，这并不是一件轻松的事。降落在海面上本来就不容易，只有战舰与之
相互配合，才能成功回收。这在平时没什么问题，一打起仗来就变得非常困难了。
其实，很多时候战舰上的飞机都变成了一次性的，一旦出发就做好了回不来的准
备，代价非常高。

4. 舰载机两个无可替代的任务

既然战舰上的飞机执行任务的代价巨大，那么，为什么战舰还非要带上它们？它们到底会执行哪些无可替代的任务呢？

舰载机的任务主要是侦察和火控。侦察是把视野扩大到几百千米的范围，而火控就是观察并校正炮弹的落点。第二次世界大战中的舰炮越造越大，越发越远，很多时候打出去的炮会直接落到海平面的下方，而炮手需要观察前一发炮弹的落点，来校正自己的发射参数。可看不到落点，怎么校正呢？

其实，在派飞机执行火控任务之前，人们使用过气球。可是气球本身就很不安全，又在大风大浪的海洋上空，无法顺利完成这项任务。于是，飞机进入了海军的视野，它们顺理成章地成为炮手的眼睛，把命中精度提了上去。

这下你们知道了吧，舰载机并不是航空母舰的专属，在第二次世界大战中甚至更早期，战列舰和巡洋舰上也是载有飞机的。

船该怎么"刹车"？

同学们，你们知道通常一辆时速 100 千米的普通轿车从踩下刹车到停止需要几秒吗？答案是 4 秒多，刹车距离超过 100 米。那么，一艘航行速度只有 20 节——也就是时速差不多 37 千米的大型集装箱货船，刹下船后需要多久才能停下来呢？答案是大约 10 分钟，在停下来之前还会开出大约 2 千米，你想象不到吧？

1. 船能像汽车一样"刹车"吗？

首先，我们要知道汽车是怎么刹住的。刹车主要是车轮与固定物体（通常是刹车碟片）之间产生摩擦，以阻止两者的相对运动。

那么，船有可能这样来刹住吗？船没有轮子，本来就是在水面上滑行，而且为了减少水面对船的阻力，还被设计成能够"剪开"水面的造型（如图 2-12 所示）。

即使把船身上最接近汽车轮胎的螺旋桨给刹住，它也能够在惯性作用下让自己滑出一段距离。那么，怎么才能让船快点停下来呢？很简单，就是让船的螺旋桨反过来转，就像汽车挂倒挡一样。

图 2-12

理论上看似很简单，但实际操作中却没那么容易实现。

通常有三种方法可以实现螺旋桨的反转：

第一种是使用可变螺距的螺旋桨，在旋转方向不变的情况下，它可以通过改变桨叶的角度，向不同的方向产生推力，甚至这些推力的大小，也可以通过改变桨叶角度来调整，非常灵活方便。第二种是采用齿轮箱，它类似于汽车上的齿轮箱，可以变速，可以反转。第三种是通过让发动机反过来转，使螺旋桨反过来旋转。

在这三种方法中，前两种方法都有弊端：可变螺距的螺旋桨构造复杂，操纵系统也复杂，不仅造价高，维护保养也很困难，而且更厚的根部也容易发生空泡腐蚀，更粗的毂径意味着更低的效率。所以，第一种方法通常只能应用在必须强调灵活性的船上，大型的远洋轮船就用不了。

那么，用第二种方法可以吗？事实上，齿轮箱一般不装在大型船只上。因为大型船只所使用的发动机本来转速就很慢，直接接上螺旋桨就能工作，没有必要再加一道齿轮调速。所以，权衡利弊之后，大型船只"刹车"就采用第三种方法了。

2. 船上的发动机是怎么工作的？

船用发动机不同于汽车的四冲程汽油发动机，大型船只的发动机基本都是两冲程的柴油发动机，具有力大、可靠、不挑油等特点。

那么，两冲程的船用柴油发动机是怎么工作的呢？简单说，就是活塞上下往复运动一次，完成一个工作循环：首先，柴油混合空气燃烧爆炸后产生压力，推动活塞往下运动；当扫过气缸底部的进气口后，经过涡轮加压的新鲜空气从底部进来；与此同时，气缸顶部的排气门打开，废气被吹出后再迅速关闭；接着，在飞轮提供的惯性下，活塞往上运动，压缩空气；当活塞快要到达顶部，气压足够大、温度足够高时，触发喷油，压燃混合气体，推动活塞下行，开启下一个工作循环。

由此可见，喷油时机和排气时机正好相对，而这两个时机都是由凸轮机构完成触发的。如果想要改变飞轮的旋转方向，就要依靠可以调整的凸轮机构（如图2-13所示）。

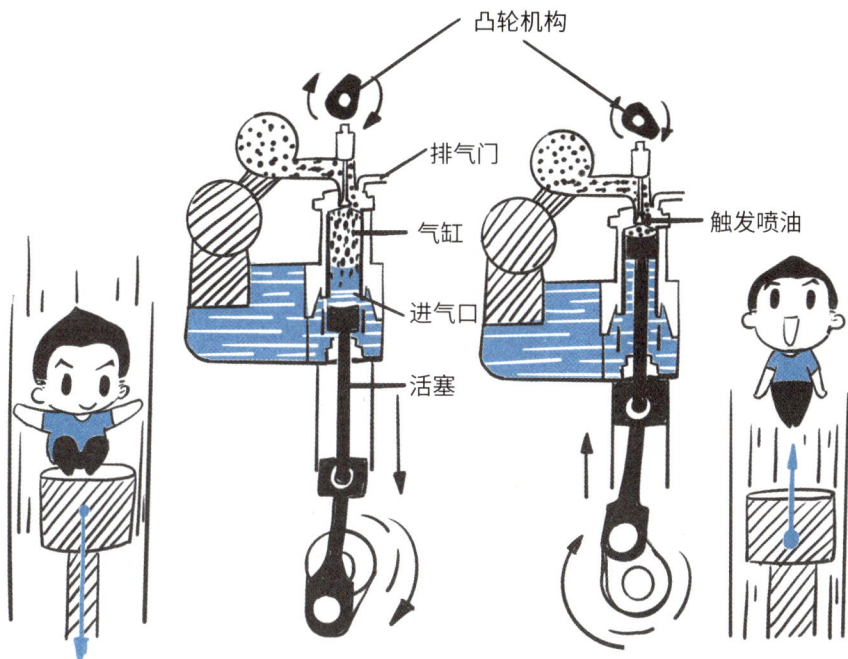

图 2-13

3. 如何让船停下来?

现在大家知道该怎么做才可以让船"刹车"了吧,我总结了三个步骤:

第一步,切断发动机的燃油供应,但惯性依然会让活塞继续运动。

第二步,要抑制惯性运动,靠的是将压缩气体从上部注入气缸,跟活塞"对着干"。这个气体很有意思,既是刹车气体又是启动气体,至于具体叫什么,还得看它是用来刹车还是用来启动。

第三步,在刹车气体的帮助下,活塞慢了下来,并最终停住,然后只需要将控制喷油时机和排气时机的凸轮切换到与之前相反的位置,也就是倒车位置,并恢复供油，飞轮就可以换个方向继续旋转了。当然，反着转的螺旋桨也就能让轮船尽快停下来了。

　　你看，"停船"是不是比"刹车"复杂多了？"刹车"只要踩下刹车就能制动了，但想要把船停住，那可真要费点儿周折呢！

我国舰载导弹垂直发射是冷还是热？

我们经常会在电视上看到舰载导弹垂直发射的报道：有的先在发射筒里点燃发动机，导弹再冲出来；而有的则是导弹出了发射筒，再点燃发动机。这二者看起来相似，实则大不相同。前者叫作热发射，后者叫作冷发射。那么，什么是冷发射，什么又是热发射呢？我们国家的舰载垂直发射系统采用的又是哪种呢？现在我们就一起来了解一下。

1. 热发射：先垂直喷出火焰，再发出导弹

热发射也叫作自力发射，是靠导弹发动机点火后产生的推力送出导弹（如图2-14所示）。其原理和发射筒的结构比较简单。由于火焰最初是在发射筒里燃烧的，因此热发射先垂直喷出火焰，再发出导弹。

热发射需要有一个专门的排烟通道，这个排烟通道承担着一整排发射筒的排烟任务。废气被释放后，呈现出细长的一缕。

热发射的优点是效率高、体积小、重量轻、成本低、易维护保养。

美国人很早就开始使用热发射，而俄罗斯人用的则是冷发射。为什么俄罗斯

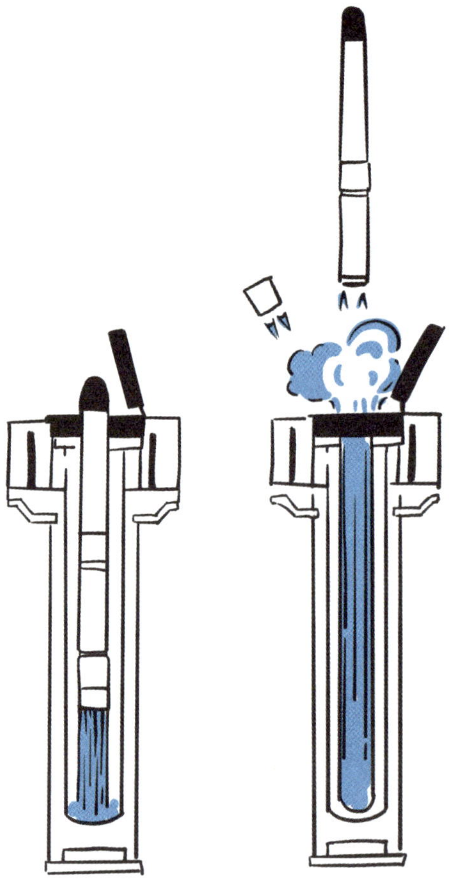

图 2-14

人不用热发射呢？俄罗斯早期导弹的发动机工作起来并不稳定，并且发射筒本身也没有动力，无法将出了问题的导弹弹出去，只能任由它留在里面炸膛。所以，发射筒自身不带动力算是热发射的一个缺点。另一个更为明显的缺点是烈焰对导弹和舰体带来的影响。导弹每次升空时，都要被自身产生的烈焰从头到脚烧一遍，这是非常危险的。

2. 冷发射：先弹出导弹，再点燃发动机

冷发射又叫作外动力发射。那么，它到底是如何工作的呢？我们来看看图
2-15，它展示的是冷发射的原理。

冷发射是通过发射筒底部的燃气发射器产生的高压燃气推动气缸中的活塞，
拉起底部的提弹梁，将导弹弹出的，原理类似弹弓。

在这种发射过程中，由于发射装置需要承受住燃气发射器所产生的高压，所
以对结构与材料的强度有更高的要求。而且与热发射的排气恰恰相反，它必须保
持良好的气密性。较为复杂的导气、活塞和提弹装置使冷发射在整体成本上高了
许多，但换来的却是更强的安全性。

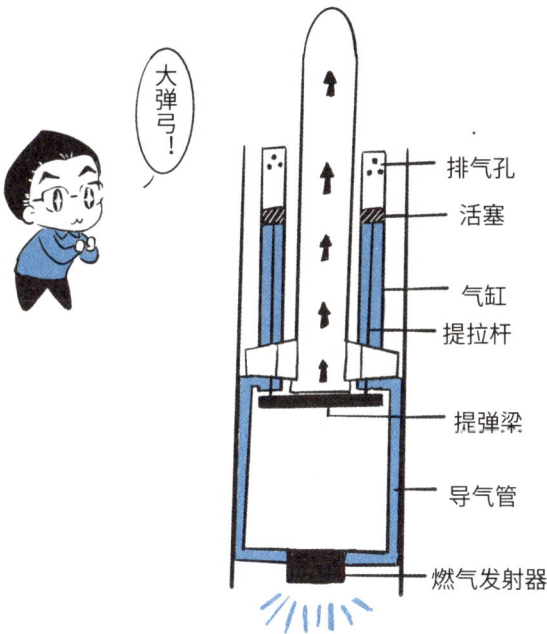

图 2-15

导弹在离开发射筒后点燃发动机，避免了让舰体和导弹面临高温炙烤的窘境。采用这种冷发射，既对导弹本身的强度要求较低，也对导弹的气动外形改动较小，有利于保证导弹的飞行性能。

同时，若是导弹在发射过程中遇到了一些意外，比如发动机意外点火，也可以通过外力直接将其弹出，避免了对发射装置和周围设备造成较大的破坏。所以，现在的普遍认知是冷发射较热发射更有优势，也是发射中大型导弹的首选。

3. 第三代舰载垂直发射系统：冷热兼容

在这个领域里，我国虽然比美国和俄罗斯起步晚，但发展却很迅速，经过十年时间，已经发展到了第三代。而且，我国的舰载垂直发射系统是个冷热兼容的发射系统。

我们一开始说的热发射，通常都是多个发射筒共用一根排烟道，并且还会让高温废气倾泻到出筒中的导弹身上，其实这很危险。我们的第三代舰载垂直发射系统改变了这样的设计，不共用排烟道，而是每个发射筒自带独立的排烟系统。

这到底是怎么做到的呢？

原来，每个发射筒都分为内外两层，导弹放在内层圆筒里面，在两层之间留出空隙，通过这个空隙来排烟（如图 2-16 所示）。这个空隙的形状看起来像火箭的喷口，它能让原本亚声速的废气变成超声速后喷出。测试显示，采用这样的结构，发射筒出气口处的温度至少可以降低 30%，能大大缓解高温对导弹和舰体设施的影响。

传统冷发射，由于其结构的特殊性，导弹在发射筒内的实际受力行程不到发射筒长的一半，当提弹梁撞击到缓冲器后便与导弹分离，此后弹射装置对导弹便

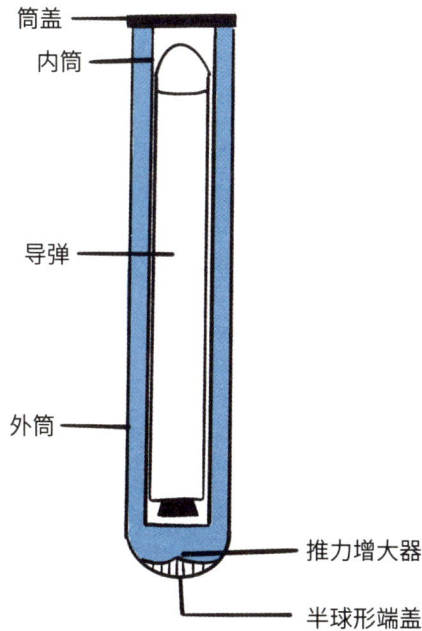

图 2-16

不再作用。这也导致提拉活塞的长度无法轻易"省下来",否则就会因初速度不足而影响导弹的正常发射。

工程师们为了使控制体积与提升功率达到平衡,将原本只有一级的活塞筒做成两级,弹射缸的长度被缩短为整个发射筒长度的三分之一左右。于是,一个既强又小、既能装也能藏的发射系统,让我国的技术站到了世界领先的位置。

现在你们知道了吧,我国的舰载垂直发射系统既可以冷发射,又可以热发射,具有冷热兼备的功能。

是飞机还是潜艇?

当我说飞机能潜水,或者潜艇能飞行时,你们是不是感到惊讶?是飞机要插上一根潜望镜,还是潜艇要长出翅膀?难道这个神奇的"生物"既能潜又能飞?下面,我就来给大家讲讲潜水飞机的故事。

1. 停留在图纸上的潜水飞机

第二次世界大战时期,攻击飞机和攻击潜艇都为盟军全面战胜轴心国发挥了关键作用。在这两个领域当中,"顶级玩家"都是美国。他们的空中进攻在欧洲战场上瓦解了意大利和德国的军事力量,水下进攻则在太平洋上挫败了日本军国主义的进攻。

虽然第二次世界大战在 1945 年结束,但冷战却在 1947 年开始,美国和苏联争夺霸权日趋激烈。于是,美国海军尝试整合这两个优势,试图让飞机能潜水、让潜艇能起飞,潜水飞机的想法被提了出来。其实,早在第二次世界大战初期,苏联人就着手研究潜水飞机了。

1934 年,苏联工程师鲍里斯·乌沙科夫(Boris Ushakov)设计出一架具有攻击潜艇特征的水上飞机，取名为 LPL。该飞机装着三台螺旋桨引擎，它可以靠底部的浮筒降落在海面上，然后飞行员可以将发动机密闭，往浮筒里注水，这架水上飞机就可以下潜并以 3 节的速度在水中前进。只不过，这架飞机仅仅存在于图纸上。1936 年，鲍里斯·乌沙科夫将其提交给苏联当局后，就再也没有下文了。

1945 年，美国的休斯顿·哈林顿（Houston Harrington）也画了一张图，他将鲍里斯·乌沙科夫放在飞机下方的浮筒往上移，变成机身的一部分，同时去掉了潜艇首部。但是，他最后只是申请了"飞机和潜艇组合"的专利，这架飞机便没有了音信。

2. 指挥官 1 号：世界上唯一存在过的潜水飞机

休斯顿·哈林顿的行为影响了 57 岁的电子工程师唐纳德·里德（Donald Reid），他造出了世界上唯一存在过的可以潜水的飞机，叫作指挥官 1 号。它看上去更像 1934 年苏联人设计的版本，由玻璃纤维制成的雪茄状机身顶上突出了一个潜艇式的舰桥，计划作为下潜后的驾驶舱使用，实际上，从里面根本就看不到外面。

后来，唐纳德·里德将驾驶舱改到飞机的头部，下潜后驾驶员必须戴上氧气面罩，很像骑摩托车戴头盔。

指挥官 1 号的舰桥顶部装着一台 65 匹马力的螺旋桨发动机，下潜前须拆下螺旋桨，然后用橡胶潜水罩盖住发动机吊架，以保持发动机干燥。一台电机带动的小螺旋桨提供潜水动力，运行速度是 4 节左右。1964 年 6 月，指挥官 1 号进行了第一次全流程试验，它在浮筒里装入压舱水后潜到 2 米深度的水下，驶过了一段距离后上浮，打开发动机的橡胶罩，插上两支螺旋桨，启动发动机，随后以 100

千米的时速飞越了河面。

试飞成功后，唐纳德·里德信心大增，他马上联系美国五角大楼，声称可以提供这个绝密武器。结果，五角大楼认为这个点子不切实际，一口拒绝了他。然而真相却是，五角大楼已经委托康维尔公司和通用动力开始研发潜水飞机。

唐纳德·里德知道之后非常生气，他认为五角大楼窃取了他的概念，以后只要有潜水飞机研发出来，都有他的功劳。五角大楼则认为，只要不是用橡胶罩将发动机罩上，并且在要起飞的时候再把螺旋桨插回去，飞机跟唐纳德·里德就没有关系。

所以，康维尔公司提的几个方案用到的全是涡轮喷气式发动机，看上去的确高级许多。康维尔公司共提了哪几个方案呢？

3. 没有落地的几个方案

第一个方案是一架垂直起降的飞机。它的发动机位于机身前后，可以伸缩，在空中飞行时，发动机伸出；潜到水里时，发动机收回。整体看上去呈流线型，就像是一枚滑溜溜的鱼雷，但它的空气动力学特征不太令人满意。

第二个方案是一架带有可折叠机翼、看起来与普通飞机相似的飞机。不过，它的机翼折叠的方式有点不同，是向内缩的。这个方案也没有通过。

第三个方案比较传统，缺乏创意，即在一架正常的飞机底部挂上迷你潜艇。

第四个方案设计的飞机长约 15.4 米，翼展约 12 米，顶部装有 3 台防水的涡轮喷气式发动机，并且可以在下水后自动密封，底部是一个可以伸缩的冲浪板，供它在海面上起降时使用。它的尾部还装着一个小小的螺旋桨，负责提供水下动力。它在空中时速可达 900 千米，在水下时速也能接近 100 千米。当发现海面上的敌舰后，它先下降到大约 700 米的高度，然后慢慢接近目标，打开冲浪板，降落至水面，潜到 22 米的深度，投放重 450 千克的鱼雷，最后浮出水面，返航回到基地。但它也只是停留在了模型验证阶段，搁置原因不得而知。

在康维尔公司提的以上几个方案之外，其实唐纳德·里德也再接再厉于 1967 年设计出了喷气动力的指挥官 2 号，而且高级到喷气管既能喷气又能喷水，但这个方案也只停留在纸上谈兵的阶段。这也就让唐纳德·里德的指挥官 1 号成为唯一真正既在空中飞过又在水中潜过的飞机。

说到这里，同学们，你们觉得未来是否有可能制造出更加先进的潜水飞机？是否有必要去制造这个东西呢？

沙漠中的神秘箭头是外星人的杰作吗？

很多人热衷于徒步，徒步的最大魅力之一就是于行走中探索和发现前所未见的神秘场景。比如，有徒步者曾发现一些躺在沙漠中的巨大箭头。

这些巨大箭头，有的直接暴露在山坡上，有的隐藏在灌木丛中，但都指向太阳升起的方向。那么它们究竟是什么呢？现在就让我们一起来解密吧。

1. 早期飞行员是高危职业

实际上，这些箭头是美国政府于 20 世纪 20 年代和 30 年代修建的，是一种专门用来帮助飞行员找到航向的指示标记，从美国的旧金山横穿整个大陆到最东边的纽约，每隔大约 25 英里（40.2 千米）就有一个，算下来一共有几百个。如今，导航软件可以为我们提供精确导航，但在那个没有卫星定位、惯性导航、无线电信标，甚至连磁罗盘都没有的早期飞行年代，飞行员就只能靠观察地面上的地标来调整方向，比如，特征非常明显的大山、湖泊、建筑等。

但在当时，即便是白天飞行，飞行员也经常会因为导航图不够精准，或者找不到地面参考物而偏离航线，甚至发生坠机事故。在当时，开飞机的航空邮件快递员可以说是一个高危职业，统计表明，大约每飞行 900 小时就会发生一起坠机事故。想一想，我们都会替那时的飞行员揪心。

2. 专门建造的指示系统

为了减少飞行事故，美国最初建立从西海岸到东海岸的航空邮件业务时，让装满邮件的飞机先是一早就从出发地起飞，然后尽可能飞远一点，一直飞到太阳快要下山，最后在附近找个机场降落。到了夜里，将这架飞机上的邮件转运到一列火车上，火车也是尽可能往目的地方向多运行一点。第二天早上，这些邮件会被装到另一架飞机上，继续赶路……

使用这套系统，一封从旧金山发往纽约的信，最少也要花 79 个小时才能到达，比全程用火车的 108 个小时快不了多少。这让时任美国总统沃伦·哈丁（Warren Harding）很生气，他要求美国邮政必须全天候飞行。但全天候飞行首先要解决导航问题，于是美国邮政一不做二不休，直接沿着旧金山到纽约，专门给飞行员在地面上建造了一套指示系统。

为了使这套指示系统在夜间也能使用，他们在每个箭头上的正方形的位置（如图 2-17 所示）建造了一座高 15.2 米的塔，塔顶有一盏高亮度的燃气灯，塔旁还有一间专门为燃气灯供气的小屋。

这套指示系统一经启用就收到了良好的效果，整个东西线的航运时间被缩短到了 35 个小时，同时还附赠了运费下降、事故减少等"超值大礼包"。在当时，这套指示系统可谓一笔非常划算的投资。

图 2-17

3. 消失的箭头带

尝到甜头后，美国政府对这一系统越来越看重，甚至着手在大西洋和太平洋上修建一条浮动版的箭头带。可是，随着雷达和卫星技术的发展，加上第二次世界大战时急需金属，美国立马就把箭头标志"打进冷宫"，这些带灯塔的箭头很多不是被拆就是被毁。另外，为了防止"引狼入室"，一些已经修好的海上标志也被拆除了。箭头带，就这样逐渐消失在人们的视野里。

好在有那些善于发现的徒步者，发现了最后遗留下来的水泥箭头。它们虽然风光不再，但也算是一段历史的记录和见证者吧。

第三章

身边的生活科学

火车不脱轨，功劳算谁的?

你坐过火车吗? 那你有没有想过，为什么火车会轧在两条轨道上行驶而不会脱轨呢? 为什么它不需要转动轮子的方向，却可以拐弯? 还有，火车轨道下面为什么要铺设那么多石子呢?

接下来，我们就一起寻找这些问题的答案吧。

1. 形状特殊的车轮

火车车轮的形状比较特殊。我们通常认为，火车车轮会是一个圆柱体再加一个凸起的轮缘，轮缘的作用是将轮子卡在两条铁轨之间，以便火车能始终沿着铁轨的方向前进。

其实，如果你观察过火车车轮的话，就会发现并不是这样的。轮缘在大多数时候根本不会碰到铁轨。它更像是一个保险，在最坏的情况下才发挥作用，尽量防止火车脱轨。而真正让两个车轮不会偏离轨道的，其实是车轮与轨道的接触面——踏面 (如图 3-1 所示)。

神奇的是，踏面并不是一个圆柱面，而是一个圆锥面。车轮靠里的部分比靠

图 3-1

外的部分更粗。这样一来，在火车自身重力作用下，车轮就能自动地保持在轨道上方，这个过程叫作"对中"。这实在是一个聪明的设计。反之，如果踏面是个圆柱面，即使有轮缘卡位，似乎也难以阻止火车晃出轨道。

2. 火车顺利转弯的奥秘

火车之所以可以顺利转弯，圆锥面的踏面也功不可没。你应该知道，当一对车轮转向时，它们可以被看成是一左一右两个车轮分别划出两条圆弧，并且靠里的圆弧半径一定要比靠外的圆弧半径更短，行驶相同路程时靠里的车轮所用时间比靠外的车轮所用时间更短。但是，两个轮子装在一辆车子上，行驶时间肯定需要相同才行；如果两个轮子行驶相同路程，不就无法拐弯了吗？

为了解决这个问题，人们便在汽车的两个转向轮中间安装了一个差速器，允许转向时外侧车轮比内侧车轮行驶得更快一些。但火车的车轮就不行。因为两个车轮本质上是被一根坚固的车轴连在一起的，两者必须百分之百同步才行。那么，火车怎么才能转弯呢？

圆锥面的踏面就是来解决这个问题的。火车转弯时，由于离心现象，会很自然地被向外甩，这样会让内侧车轮接触铁轨的踏面正好是直径较小的一圈，而外侧车轮接触铁轨的踏面则是直径较大的一圈（如图3-2所示）。于是，火车内、外

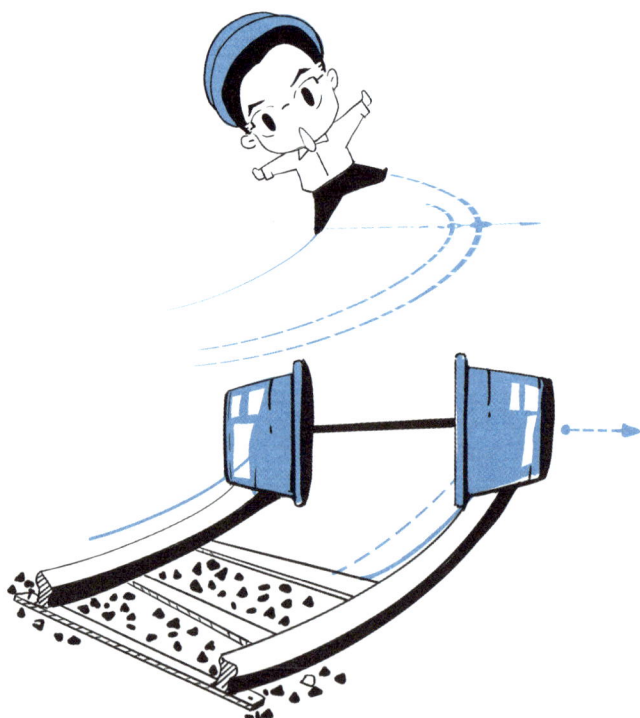

图 3-2

两侧的车轮得以在相同时间驶过不同的距离，弯也就顺利地转过来了。这看似是一个很小的设计，却解决了一个大问题。我们真的不得不佩服人类在工程设计上所拥有的天赋！

3. 铁轨下方的石子有什么用途？

为什么火车铁轨下方要铺设那么多碎石子呢？运来这么多碎石子铺在铁路上不累吗？

实际上，再累也是值得的。这些石子也有特定的名字，叫作道砟。你可别小瞧这些石子，它们的作用还真不小哩！

首先，道砟能有效吸收火车行驶给其下方铺设的枕木与铁轨带来的震动，防止枕木与铁轨变形，以便火车能保持一个平稳的运行状态，避免剧烈晃动。

其次，铺设道砟后，还能提高铁轨的排水能力，使雨水能很快从碎石的缝隙间排出，提高行驶的安全性。而且，它铺设简单，造价便宜，维修方便，所以至今仍然在使用。

由此可见，火车能够在轨道上正常行驶而不脱轨，既有车轮的功劳，也少不了轨道的功劳，甚至连轨道下面的石子也功不可没！

4. 火车行驶会受季节影响吗？

说到这里，火车行驶会受哪些外界因素影响呢？是否会受天气或季节影响呢？

在我们的印象中，火车似乎一年四季都不太受影响，除非是铁轨周围发生洪水等自然灾害，才不得不停驶。但有一点说起来你可能不相信，在秋季，火车行驶竟然会受到影响。原因是秋季会有许多落叶，这些落叶落到铁轨上，就成为铁轨与车轮之间天然的润滑剂，减小了铁轨与车轮的摩擦力。所以，火车行驶在落叶上想要刹车的话，刹车距离就要比平时增加好几倍。这么说来，秋季应该是火车行驶最慢的季节了。

飞机翅膀尖端上翘的秘密

如果你仔细观察过飞机的外形，就会发现一个有趣的小细节，那就是飞机机翼的尖端并不像我们想象的那样平直，而是向上翘起的。这个翘起的部分是什么呢？它为什么要翘起来呢？

我要告诉你的是，这个翘起的部分其实是专门帮助航空公司省钱用的。

1. 飞机是怎么飞起来的？

飞机之所以能从地面上升起，是因为气流在经过机翼时，会在机翼表面形成压力差，也就是机翼下表面的空气压力要比上表面的空气压力更大。尽管科学家对这种现象产生的原因还存在争议，但工程师和航空公司都知道，只要发动引擎，把飞机向前推，飞机就能飞起来。

不过，相比于飞机为什么能飞起来，航空公司更关心的显然是它飞起来到底要燃烧多少航油。当然是燃烧得越少越好了！

2. 让航空公司讨厌的空气涡流

航空公司很讨厌一样东西，就是空气涡流。流体都有一个特点，总是会从高压区域流向低压区域。飞机机翼上下表面的压力差虽然产生了有利于飞机的升力，但同时也在机翼尖端造成了一些麻烦。来自机翼下方的高压空气会在这里绕向上方，形成旋涡（如图3-3所示）。这种旋涡不断产生，并不断向后流去，就形成了涡流。而涡流会产生一种阻止飞机前进的阻力，叫作诱导阻力，意思是由升力产生而诱导出来的一种阻力。

涡流的出现，不但减小了机翼的升力，还增加了飞机的油耗，所以工程师和航空公司都很讨厌它。工程师通过研究发现，要减小诱导阻力，有一种最快、最简单的方案——增加机翼的翼展，也就是增加机翼的长度。机翼越长，涡流对它的影响越小。但这就引发了新的问题——机翼加长了，强度也必须相应增加才行，而增加强度，飞机的重量也势必要增加。这就又回到了问题的起点。

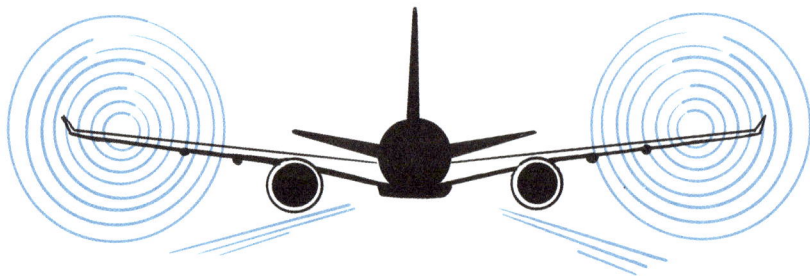

图 3-3

3. 从鸟类身上获得灵感

怎样才能在不增加机翼重量的前提下，提高飞机的飞行效率呢？

人们对这个问题的探索力度，在 20 世纪 70 年代达到了高峰。当时，全世界爆发石油危机，油价飞涨，航空公司对任何能降低油耗的建议都如饥似渴。这时，"向上弯曲翼尖"这个天才的点子就很应景地被提出来了。而提出它的人，是美国国家航空航天局兰利研究中心的一位工程师理查德·惠特科姆（Richard Whitcomb）。据说他是从鸟类身上获得了部分灵感。他发现，鸟类在滑翔的时候，会将翅膀上的羽毛卷曲起来，以获得更多的升力（如图 3-4 所示）。

惠特科姆立刻测试这一理论并得出了肯定的结果。这个后来被称为"翼尖小翼"的结构，可以通过减少翼尖的压力梯度来减少涡流的产生，从而减小诱导阻力。

图 3-4

于是，美国国家航空航天局根据这一结论，在一架 KC-135 运输机上安装了翼尖小翼进行试飞。试飞的数据表明，安装上翼尖小翼后，该运输机的最大飞行高度增加了 3.4%，航程增加了 7.5%。看来这个点子是具有可行性的。

接下来，工程师们进行了十余年的测试。1989 年，第一架使用翼尖小翼的民航客机正式投入商业运营。如今，这一发明估计已经为全球航空公司省下数十亿美元的燃料了。

不过，也不是所有飞机都会安装翼尖小翼，对于一些短程航线的飞机来说，增重付出的成本是要大于节省的燃油消耗的，所以航空公司就不会为这些飞机加装翼尖小翼。

随着油价的不断攀升，大多数民航飞机都会安装翼尖小翼。翼尖小翼的造型也开始千变万化，比如单段式小翼、融合式小翼、双叉弯刀式小翼、环形小翼等。它们的作用大同小异，都是减少涡流对飞机的影响，并为飞机提供向上和向前的分力，以实现"一箭多雕"的目的。

发电站多发出来的电去哪儿了?

电是我们日常生活离不开的一种能源。那你在平时用电——比如看电视、给手机充电、用洗衣机洗衣服时,有没有想过,这些电是从哪儿来的呢?

我相信你可以回答出来:从发电站发出来的嘛!

没错,这些电就是从发电站发出来的。那我们再来想一个问题:如果发电站发出来的电太多了,该怎么处理这部分多余的电呢?是把它们储存起来,还是直接浪费掉?

接下来,我们就一起来探讨这些问题的答案。

1. 发电站发出的电太多时怎么办?

实际上,在电网中,发电与供电是同步进行的,所以发电站发出多少电,就用多少电。

除了烧煤的热电站能根据实际需求来选择发电量,发电站很多时候都是看天吃饭,水电站有丰水期和枯水期,太阳能电站有白天和黑夜、晴天和雨天,风力电站有刮大风的时候和刮小风的时候……这些都不由人为决定,由此也导致天然发电量时多时少。

但是，发电量多时，不代表用电量就会增加，而发电量少时也可能会碰上用电高峰。这时该怎么调节呢？

目前，我们只能靠预先规划和动态调节来对发电、用电两端进行平衡，这就是电力调度要做的工作。即便如此，随产随销仍然要付出巨大代价，要么是用来发电的其他能源被白白浪费，要么就是发出来的多余电能无处可去，只能被所谓的"备用负荷"，也就是被一些没有太大实际用途的用电设备白白消耗掉，十分可惜。

2. 能不能把电储存起来呢？

我们能不能把这些多余的电能储存起来，留到要用的时候再拿出来用呢？难道储存发电站中多发出来的电就那么难吗？

事实上，要存储这些电能还真不容易，主要困难在于它的规模实在太大了。比如，我们在生活中经常用到锂电池，如果用它来储存发电站里发出来的电能，且不说技术上的难度，那得用掉多少块电池呀？从环保和经济角度来说，都不是一个明智的选择。

不过，也不是完全没办法将电储存起来。比如说抽水蓄能电站，就是将水电站的发电过程反过来。电能过剩时，用这些电能带动电机将低处的水抽到高处，以重力势能的形式先存储起来；等要用电的时候，再让它重新流回低处，推动发电机，将重力势能再次转变为电能。

看到这个过程你会发现，它与电池的原理一模一样，只不过在我们的理解中，电池都是将电能转化为化学能储存起来。

抽水蓄能是当前唯一能够大规模解决电力系统峰谷困难的途径。但是，这种方法仍然不能彻底解决储存电能的问题，虽然它有技术上成熟可靠、容量大等优点，但缺点也很明显：一是建造这样的水电站会受地理条件限制，必须有高低合适的两个水库；二是在抽水和发电过程中会有相当数量的能量损耗，储存效率只有60%～70%，不划算；三是这样的水电站一般都远离用电负荷中心，电力输送时会有很大耗损，且当系统出现重大事故、无法工作时，就会失去作用。这就像手机电池不在手机上，而是用一根电线连在其他地方，使用起来怎么会方便呢？

3. 更多的途径，更多的设想

　　除了建立抽水蓄能电站外，还有一个更直接的途径，就是在地底下挖一个垂直的深坑，然后挂一个高达几千吨的重物垂到坑底。需要储存电能时，就用电机将负重拉上地面；需要释放电能时，就让它下落，将发电机带动起来发电。显然，坑挖得越深，挂的负重越重，这枚"电池"的容量就越大。这种"电池"的优势更明显，受地理条件限制也更少，只是目前还处于技术验证阶段。

　　此外，还有一种利用重力储存电能的方案，叫作轨道电池，具体方法是把一列能够沿着轨道爬上山坡的列车当成一枚移动的电池。列车向上爬，就是在充电；让它滑下来，就是在放电。这一方案原理与以上几种方案差不多，但却是最有趣的一种，你觉得呢？

飞机螺旋桨的位置为什么不一样?

如果你注意观察那些带有螺旋桨的飞机，就会发现，有的飞机螺旋桨是在前面，有的则安装在尾部，还有的前后都安装了螺旋桨。

为什么螺旋桨会安装在飞机的不同位置呢？它们对飞机有什么不同的影响吗？

螺旋桨安装在飞机的不同位置，对飞机的影响肯定是有区别的。根据位置和作用的不同，这些螺旋桨被分为拉动式、推动式和推拉式。所谓拉动式，就是螺旋桨安装在飞机的前面，像是在拉着飞机跑；推动式显然就是安装在飞机尾部，就像推着飞机跑；至于推拉式，自然就是前面拉、后面推了。

接下来，我就带你分别认识认识它们。

1. 拉动式螺旋桨

拉动式螺旋桨最大的优点是设计简单，制造成本低。对于一架飞机来说，发动机安装的位置会直接影响飞机的稳定性，而想让飞机飞得更稳，就要将发动机安装在飞机重心的位置。飞机的重心位置一般位于机翼附近，机翼为了能拉开与尾翼间的距离，以制造出足够的操纵力臂，位置一般都比较靠前。这样一来，把螺旋桨和发动机都安装在前面，就非常合乎逻辑了，我们无须再顾虑飞机重心不稳的问题，自然就能提高效率、降低成本。

但是，这种模式也有缺点。首先，最大的缺点就是引擎效率低。因为被螺旋桨推向后方，用来产生反作用力的空气在路上会遭遇很多障碍物，如发动机、机翼、驾驶舱、尾翼等，这就令原本产生的力量被大大削弱了。若要改进这一点，就要换上更大的螺旋桨和更强劲的引擎，但这会增加飞机整体的重量，显然不可行。其次，由于整架飞机处于螺旋桨所造成的空气湍流之后，这就会令飞机经受更为明显的震动，影响飞机的稳定性。经验丰富的飞行员可以随时对其进行调整，但自动驾驶的无人机就很难适应了。

2. 推动式螺旋桨

如果把螺旋桨安装在飞机尾部，它推出的空气就不会碰到太多阻碍，因而也能大大提高引擎效率。因为没有湍流对机身的影响，飞机飞行时也更加稳定，自动驾驶会更容易实现。

不仅如此，装有推动式螺旋桨的飞机还有一个优点，就是能把头部视线空出来，不管是装"眼睛"还是安雷达，都能拥有最好的视野。

那么，它就没有缺点了吗？

当然也有。虽然飞机飞行时不再遭受湍流影响，但螺旋桨自身会被湍流影响。不论是从机翼的上表面还是下表面吹过来的风都会影响螺旋桨，继而影响飞机的震动。更重要的是，由于螺旋桨和发动机都安装在飞机后侧，飞机的重心靠后，为了平衡，机翼位置也必须后调，结果导致机翼和尾翼靠得太近，力臂变小，飞

图 3-5

机的控制性和稳定性大为减弱。为了解决这个问题，人们便安装了一对鸭翼来辅助（如图 3-5 所示），但鸭翼是个静不稳定结构，需要不停地微调和控制它，否则飞机仍然不稳。当然，现在可以利用飞行控制计算机来自动控制了。

3. 推拉式螺旋桨

从整体上来说，推拉式螺旋桨结合了推动式螺旋桨和拉动式螺旋桨各自的优点，并尽可能克服了它们的缺点。比如，我们不用再担心飞机重心不稳的问题，湍流对飞机的影响也减小了。最重要的是，推拉式中的两个螺旋桨是朝着不同方向旋转的，这就抵消了只有一面有螺旋桨时，螺旋桨总是想把机身朝反方向转过去的趋势，因而让飞机在飞行时变得更加平稳、安全。

　　总之，在确保飞行安全的前提下，螺旋桨的位置肯定是根据每个机型的特点和用途进行设计的，这样才能更好地满足使用者的实际需求。随着科技的不断发展，相信未来我们还会找到更多、更好的替代或改善方案。

风力发电机能"客串"电风扇吗?

如果你留意一下就会发现,风力发电机上长着三个巨大的叶片,就像我们日常使用的电风扇一样。那么问题来了:有风的时候,我们可以利用这种风力发电机发电;没风的时候,是不是可以利用电来造风,让它来"客串"一下电风扇呢?

要回答这个问题,我们需要先来弄清楚风力发电机和电风扇之间的相同点和不同点。

1. 风力发电机和电风扇的异同

注意观察一下,你就会发现,两者的相同点很明显:它们都有三个叶片;叶片背后都装着电机,只不过一个是发电机,一个是电动机。但两者也具有一定的可逆性,它们还都跟风打交道。这样看来,两者的身份似乎完全可以互换。

真的是这样吗?

这个还真不一定,原因在于,两者之间有一个最大的区别:叶片形状不同。

2. 升力型叶片是为了"放"风，而不是"兜"风

风力发电机用的是升力型叶片，它转动的目的是尽可能多地利用风能，而不是跟风作对。

关于风力发电机，有一个形象的比喻：对于自然风来说，风力发电机就类似于设个卡点来收过路费。如果收费太高，把整条路都堵起来，来多少收多少，那风就不从这儿走了，一分钱也收不到；但如果收费太低，即使所有的风都从这里走，也收不了多少钱，等于白白设置了一个卡点。

因此，风力发电机"赚钱"的秘密就在于平衡，即让大部分风毫无障碍地通过卡点，只卡下一部分来收一些费用，对大家都有好处。有计算表明，让通过风力发电机的风速下降三分之一时，是最佳的平衡点，也是风能转化为风机叶片动能的极限，这个极限叫"贝兹极限"。由此可见，风力叶片的设计初衷并不是为了兜住更多的风，而是为了放掉更多的风。

那么要放掉多少风，才能最高效地利用它们呢？

我们可以用飞机机翼产生的升力来对比一下，飞机机翼就是一边放走大量的风，一边高效地利用这些风来获得升力的。风力发电机的叶片也可以看成是飞机的旋翼，它与风向之间的夹角较小，不是靠风撞在叶片上产生的反作用力，而是靠"伯努利效应"产生的升力使叶片旋转的，所以叫升力型叶片。

3. 阻力型叶片是为了"兜"风，再甩出去

我们常用的电风扇使用的是阻力型叶片，它的电机功能与风力发电机是完全相反的。它要制造尽可能大的空气流量，也就是风量。

在相同转速下，风量大小取决于叶型和叶片的总展开面积。所以，风扇叶片

不需要"伯努利效应"。风扇叶片对着风向的攻角[1]太小了，对风产生了一个足够大的垂直于旋转平面的分向力，会尽可能兜住更多的风，然后再甩出去。同时，它还尽可能地增加兜风面积，风扇的叶片一般都比较大，就是为了让单个叶片的负载足够大。这样就会使得转动时阻力很大，所以它才叫阻力型叶片。

现在你应该明白了，风力发电机和电风扇根本就是两种完全不同的东西，风力发电机也无法"客串"电风扇。

4. 如果非要"客串"呢？

如果非要"客串"一下的话，风力发电机为了能在不同风速下达到最佳转速，就要改变叶片的迎风角度，也就是攻角的大小。如果我们把攻角调到最大，再让它转起来，它是可以吹出风来的，但由于叶片总展开面积太小，吹出来的风量也很有限。要是通过增加转速的方式增加风量，还可能会因为叶尖转速过大带来的离心效果而将风机叶片撕得粉碎。

由此可见，风力发电机是无法"客串"电风扇的，它只能乖乖地履行自己的职责，做好自己的本职工作。

1　攻角指风扇叶片的前进方向与迎面气流方向之间的夹角。

高铁为什么爱走高架桥？

坐过高铁的同学是否发现了这样一个现象：很多高铁线路几乎全程都要走高架桥。为什么高铁不能像普通列车那样，把轨道直接铺在地面上呢？下面，我就给大家讲一讲这里面的道理。

从绿皮车到红皮车再到动车和高铁，人们最直观的感受除了速度越来越快，就是沿路的风景完全不一样了。记得小时候，有一次从成都坐火车去北京，还能拿着水枪打开窗户去滋水。现在高铁的窗户已经打不开了，铁轨也架在了高架桥上。

我曾看过一则资料：20世纪90年代建成的京九铁路，全程2000多千米，其中桥梁的长度只有40多千米，占比只有2%；而到了2011年京沪高速铁路开通时，全程1300多千米，有1074千米是开在高架桥上，高架桥占比约为82%，相比京九铁路竟增长了40倍。为什么现在高铁这么偏爱高架桥呢？我总结了三大原因：

1. 行车安全

首先，高铁平稳运行的时速在300千米左右，复兴号更是达到了每小时350千米。如此快的速度，如果地面稍有不平，就会对高速行驶的列车造成威胁。建在普通地面上的路基，天然就有更大的沉降概率，容易把铁轨变得上下起伏。但高架桥就不一样了，高铁的高架桥桩基很深，最深的能够达到六七十米。这样不仅可以有效减小沉降的风险，还能通过动态调控把沉降控制在规定范围内，给安全行车提供了基础保障。

其次，高铁最想要的效果，就是从 A 地到 B 地能够一条直线过去，中间不带一点弯。这样可以全程保持最高时速，不用考虑离心力、刹车距离、视线障碍之类可能造成事故的因素，人们坐在车里也能享受到史无前例的舒适性。但是，我们前进的路上总有绕不过去的障碍、爬不上去的坡。如果搭建高架桥，虽然也会转弯，也要爬坡，但易于将其控制在一个较为严格的标准内。比方说，对于以时速 350 千米运行的高铁来说，要达到转弯半径大于 7000 米，竖直曲线半径大于 25000 米，最大坡度小于 35‰的标准。如果不架高架桥，在地面上是很难满足如此严苛的要求的。

2. 资源保护

在资源保护上，主要涉及两点：耕地和生态。

大家坐高铁时应该能看到，高架桥下方的农田依然是成片成片的，并没有受到太大的影响。如果换成地面铁轨，这样的场景就很难看到了。一般来说，修建高架桥时，地面的拆迁宽度是 18 米，而且修建完成后还能在很大程度上实现还原和复耕。如果直接在地面修建路基，拆迁宽度是 40 米起步，而且再也无法还原和复耕。试想，中国目前已有差不多可以绕赤道一圈的高铁运营里程，如果大量采用地面路基，会有多少耕地就此消失呢？

再说生态，高铁在建设中难免会穿过一些生态保护区或者是国家保护动物的栖息地。以桥代路的方式自然就不会切断它们的迁徙路线，使保护区整体维持原貌，同时还可以避免人和动物在穿过铁路线路时可能发生的危险。

3. 成本控制

有的同学可能会觉得，我们在高铁沿线打下无数的桩、浇起数不清的墩、吊起那么多的水泥块，造价肯定会很高。事实上，并不是这样。这一点要从两个方面来看。

一方面，用传统方法修路基并不便宜。因为在地面修建高铁铁路，就得先将地面挖开，重新填充地基。在此过程中，路基每一处的形状尺寸、压实程度、含水量、材料均一性、施工温度等，都需要进行严格控制。这在很大程度上会受到施工人员的素质、周边的地理条件，甚至施工时天气的影响，会存在很多不确定性因素，成本自然被拉高了很多。

另一方面，修高架桥也并不如大家想象中那么昂贵。尤其是当高架桥变得更加标准化后，只要在野外工地上按照标准流程建起桥墩就可以了，而桥梁等其他部分的零件可以在工厂按照严格的标准进行批量生产，不仅误差低、效率高，成本也得到了严格的控制。当这两边的工作都完成后，剩下的交给架桥机就好了，它可以像搭乐高积木那样把工厂生产出来的大块零件自动搭在两个桥墩之间，把架桥变成一件非常容易的事。

现在，大家都了解了吧，为什么高铁大多会走高架桥。以后乘坐高铁的时候，你可以仔细地观察一下，你看到的景象跟我给你介绍的内容是不是对得上哦。

天气预报为什么"说谎"？

你是不是经常遇到天气预报在"说谎"：明明告诉你第二天有暴雨，不要出门，结果却是晴空万里；明明告诉你第二天天气晴朗，适合郊游，结果玩到一半却被突然而至的大雨淋成了"落汤鸡"。这时候，很多同学会怪天气预报太不可靠。但实际上，这不是天气预报的错，怪就要怪一个在天气预报中作怪的"内奸"——宇宙中的混沌系统。

1. 什么是混沌系统？

混沌系统是指在一个确定性的系统中，物体存在不规则运动，其运动过程充满混乱，无法预测它下一秒会出现在哪里，也不知道它为什么会出现在那里，更不知道怎样让它出现在那里。

这种感觉是不是让人很抓狂？在我们的理解中，身边的事物都应该符合物理定律，而物理定律又是确定的。用确定的定律建立一个模型，不就能准确预测，甚至控制这些事物的变化了吗？可事实并非如此。难道从一开始那些物理定律就是错的吗？那么事情的真相到底是什么呢？

2. 难倒气象学家的实验

20世纪60年代，美国麻省理工学院教授、气象学家爱德华·洛伦兹（Edward Lorenz）用计算机对地球大气进行模拟，以便找出天气变化与大气中各项数据之间的关系，从而进一步相对准确地预测天气。他当时建立了12个方程，选择了12个与天气相关的变量，如温度、气压、湿度等。他将这些数据输入计算机，让它们根据方程式进行运算，并将计算结果打印在一张纸上，以便观察天气演变与时间的关系。

有一次，洛伦兹需要对已经测算过一遍的数据再做一次模拟。为了省事，他选择从中间的数据开始，按照之前打印的计算结果把数据逐一输入计算机。做好这些之后，他出去喝了一杯咖啡，满心期待回来的时候会看到和之前相同的结果。他回来之后，惊讶地发现，第二次的数据和第一次相比，在前几行里面只有较小的误差，但越往后误差就越大，得出的结果完全变了模样。

形象点说的话，就是第一次的预测结果是明天是一个万里无云的大晴天，而第二次的预测结果却是明天是个暴风雨天。

他原来以为什么都是确定的，结果却都是不确定的。为什么会这样呢？

洛伦兹怀疑是计算机出了问题，而不是物理定律出了问题。后来，经过一系列的检查，他终于发现了问题所在。原来，这些数据的小数点后有6位，计算机也是按照小数点后6位计算的，但在打印时却只保留了小数点后3位。当他想要输入数据运算时，便直接按表格上打印出来的数字输入进去，这时，一个微小的误差就产生了。比如，原本是0.357231，打印出来的是0.357，输入计算机的是0.357，计算机会默认为0.357000。这么细小的差别，为什么会对结果造成如此巨大的影响呢？

事实上，微小的误差逐渐累积后，会形成非常大的误差。"差之毫厘，谬以千里"，说的正是这个道理。

这个发现启示了洛伦兹，由此他提出了著名的"混沌理论"，即宇宙本身处于混沌状态，其中一部分并无关联的事件之间的冲突，会给宇宙的另一部分造成不可预测的后果。这个理论后来演变成了"蝴蝶效应"进入了大众文化。

通过以上介绍，我们发现混沌理论对初始条件极其敏感，哪怕极其微小的误差，都会使结果变得不可预料。看似每个环节都严格遵循着物理定律，却找不到因和果之间的逻辑关系，就连一点校正的机会也没有了。

问题出在哪里？物理定律本身没有错，洛伦兹的计算机也没有故障，系统每个部分都在严格遵循已知的物理定律，而运行的结果却是完全混乱的。后来，这个既确定又混乱的系统有了一个新名字——确定的混乱。同学们，你们是不是也感觉相当矛盾？在这种情况下，天气预报又怎能不混乱呢？

3. 越来越准的天气预报

令人高兴的是，随着科技的发展，现在天气预报越来越精准了。

混沌系统对初始数据极其敏感，这意味着我们如果从一开始就能掌握最准确、最全面的数据，那么对所要预测的事物就能做出精准的判断。

如今，我们的气象预测就是这么做的，建立更加完善的数学模型，收集更加全面的气象数据，使用更加快速的超级计算机，极大地提升了对天气变化预测的准确率。

当然，即使这样，也很难达到百分之百的准确率。

首先，无论使用卫星还是雷达，或者超级计算机、量子计算，都不能完全掌握事物的全貌、获取最准确的初始数据，所以后续预测还会存在偏离。

其次，输入精确的数据来提高对混沌系统的预测准确性是有极限的。一旦超过这个极限，不管怎么提高初始数据的精度，对后面的结果都不会有太大影响。比如，即便用上所有的高科技来收集数据，大概也只能准确预测出明天或者后天的天气，如果想预测下一周的天气就没有太大把握了。

同学们可能会觉得这些内容好像跟自己的生活没有太大关系，但我想告诉你们的是，宇宙就是建立在这样的不确定性之上的，我们很有必要了解这些内容。

飞机上为什么有两个黑匣子?

每当听到飞机失事的消息,人们在难过之余,寻找飞机的两个黑匣子就成了首要目标。

黑匣子又叫飞行数据记录仪。两个黑匣子有两位"爸爸":一位是澳大利亚工程师戴维·沃伦(David Warren),另一位是美国工程师詹姆斯·瑞恩(James Ryan)。而且,两个黑匣子的功用各有不同。下面,我们就来看一看这两位工程师是如何制造黑匣子的。

1. 黑匣子的第一位"爸爸"——沃伦

1949 年,英国德·哈维兰航空公司推出大名鼎鼎的彗星型喷气式客机,此举不仅使英国一跃成为世界航空界的翘楚,也让普通人把跨洋旅行的梦想变成了现实,而且预示着一个全新的支持喷气客机旅行的时代即将到来。

但是,人们还没来得及庆祝,彗星型喷气式客机却接二连三地从天上掉下来,阴霾笼罩在新时代的上空。

为了解开这背后的谜团,澳大利亚航空研究实验室成立了一个特别任务小组。

这个小组负责人的首选，就是刚从英国帝国理工大学拿到博士学位的戴维·沃伦。之所以选择沃伦，一方面因为他对飞机的研究相当深入，另一方面因为他的父亲是一名飞机失事遇难者。沃伦 8 岁那年，父亲送给他一台晶体管收音机，随后就遭遇了空难。所以，沃伦接受这次任务，也算是对父亲跨越时空的追思。出人意料的是，那台晶体管收音机竟无意中成为沃伦完成这次任务的关键。

接到任务的沃伦马上安排人收集事故线索。这项工作十分艰难，花费了大量的时间和精力后仍然一无所获。后来，一名小组成员无意间说了这样一句话："最近一次坠机或许是飞机被劫持导致的。"听到这句话后，沃伦灵光一现："对啊，如果在飞机上安装一个能够录下机舱内声音的录音机，问题不就解决了吗？"

说做就做，沃伦一头扎进自家的车库，拿出父亲当年送给自己的晶体管收音机。经过一番实验之后，他发明了一台能够协助航空事故调查的装置，也就是第一个黑匣子的雏形——座舱语音记录仪（如图 3-6 所示）。

沃伦采用一种古老的录音技术——磁性钢丝录音，将飞行员的通话语音和飞行数据记录下来，最多可以记录 4 个小时。神奇的是，录音装置的新录音能够覆盖旧录音，保证了 4 个小时的录音都是最新的。

属于沃伦的高光时刻似乎就要到来，但迎接他的却是人们的不屑和嘲讽。好在有人慧眼识珠，时任英国航空管理局秘书长罗伯特·哈丁汉姆爵士（Sir Robert Hardingham）把沃伦请到了英国。原来，英国航空管理局早就看到了沃伦的发明，他们把沃伦发明的这个电子设备称为"黑匣子"，并装在每架航机上。就这样，第一个黑匣子——座舱语音记录仪（Cockpit Voice Recorder，简称 CVR）诞生了。

图 3-6

2. 飞行数据越来越被重视

几乎同一时期，美国人也没有闲着，他们研发了自己的飞行数据记录仪（Flight Data Recorder，简称 FDR）。其实，记录飞行数据的仪器，早在第一次载人飞行之前就有了，只是当时它有一个非常严重的缺陷，即发生灾难性坠机时，记录的数据很难保存下来，导致这些数据根本派不上用场。直到通用磨坊公司参与，才真正解决了这一问题。

第二次世界大战初期，通用磨坊公司就一直参与空军以及其他军事部门的精密设备开发。接到任务后，通用磨坊公司机械部集结了一批精锐工程师，启动飞行数据记录仪项目，黑匣子的第二位"爸爸"詹姆斯·瑞恩此时脱颖而出。

当时，不同公司、不同专家提出的设计方案也各不相同。尽管多家公司共同努力，但依旧没有设计出理想的飞行数据记录仪。最后，大家达成共识的只有一件事——不管这个设备长什么样子，它必须放在飞机尾部，因为飞机尾部是最后受到冲击的地方。

3. 黑匣子的第二位"爸爸"——瑞恩

这时候，瑞恩出场了。瑞恩的方法与众不同，他设计的机器是用铝箔片记录数据的。这种机器会测量、记录飞机的飞行高度、空速和加速度，它用细小的针尖连续划过一张 5 厘米宽、在微型电机的带动下以每小时 10 厘米的速度水平移动的铝箔，形成弧线轨迹，以便让分析人员更直观地看到飞机飞行状态的变化。铝箔片的厉害之处在于，可以在 1000℃的高温下撑过半个小时，并扛住 $20g$（g 指重力加速度）的重力冲击。

更难得的是，这些精密仪器经过整合能够装到一个既坚固又轻便，还便于安装的球形黑色壳子中，而且能够不用维护使用超过 300 个小时。这就是第二个黑匣子。

这就是在飞机上设置两个黑匣子的缘由。同学们，这回你们知道了吧？

风力发电机为什么只有 3 片叶片?

大家有没有注意到,大型风力发电机有 3 片叶片,长得跟奔驰标志非常相似?那么,为什么它有 3 片叶片,而不是 2 片或者 4 片呢?

1. 风力发电机是怎么工作的?

若想了解这个问题,我们先来看看风力发电机是怎么工作的。简单地说,它是通过截取一部分吹过其表面的风的能量,借助这部分能量让自己旋转,进而带动发电机发电的。所以,风力发电的关键在于它能从风里截取多少能量,即风能的转化率有多高。

为了尽量说得简单一些,我们假设有一种极端情况,即风力发电机在旋转平面上装的不是叶片,而是一整张密不透风的圆盘。设想一下,接下来会发生什么?这个圆盘会将吹过来的风完全挡住,风力完全撞到了圆盘身上。

哪怕风力全都撞到圆盘身上,风能也不会完全转化到圆盘上,因为风能有一套自己的转化公式。除了撞在圆盘上的风力,还有一个重要的因素是通过圆盘的风速,计算风能转化率时两者是乘算关系。我们从这一点上可以看出来,尽管圆盘把风力全部接住了，但却把风速完全阻挡了。结果是，一个再大的数（风力）乘以零（风速）还是等于零，可以说风能完全没有转化为电能。

既然圆盘不行，那我们可不可以尽可能地多装几片叶片呢？装5片、6片、7片，是不是更好呢？答案并非如此。尽管随着叶片数量的增加，风作用于叶片平面的力增加了，但却让经过它的风速降低了。叶片数量越多，风速越小，到最后如同一个圆盘一样密不透风，结果还是零。

经过测算和实验，3片或4片应该是最适合的。实际上，4片还要略好于3片，可为什么现实中没有4片叶片的风力发电机呢？主要是因为制造叶片的成本太高了。要知道，每片叶片长达60米，为了保证叶片足够轻、足够强，在材料上就要下血本。而4片比3片的风能转化率高不了多少，价格却高出很多。综合考虑，人们还是决定选择性价比更高的方案。那么，只用2片叶片如何，岂不更省钱吗？这就涉及了转速的问题。

2. 风力发电机转得越快越好吗？

风能转化率与转速有关，如果你观察过一台刚装好的风力发电机，就会发现它的叶片旋转速度是很慢的，每分钟只转7～12圈，这离能够直接被用来发电的水平还差得很远。这时，就要给它加上齿轮变速机构，使发电机的转速达到每分钟大约1500转的水平。

那么，转速是越快越好吗？为什么不在开始的时候就让叶片快速转起来呢？这里面有两个原因：

一方面，叶片旋转速度越高，其对气流的阻塞作用也就越大。形象点来说，当3片叶片转得不快时，我们能看到的就只有3片叶片。当3片叶片转得快起来时，我们看到的可能是 5 片叶片。转速越快，看到的叶片越多，最后就相当于变成了密不透风的圆盘。所以，提高叶片的转速并不能提高风能的转化率。每一个风速都有一个对应的令风能转化率达到最大的最佳转速，要使叶片达到最佳转速可以通过调整叶片的角度来实现。

另一方面，物体旋转起来后会产生离心力，物体质量越大，转速越快，产生的离心力就越大，这就对材料力学提出了严峻的挑战。假如发电机叶片低于 3 片，只有 2 片，这时想要发电机本身产生足够的迎风力，叶片就要比 3 片叶片的发电机转得更快，而一旦叶片转得太快，就容易把自己撕裂。

所以，风力发电机叶片不多不少，就是 3 片。

电梯下坠，跳一跳真能保命吗？

生活中，我们经常乘坐电梯，偶尔也会看到电梯故障的新闻。相信很多同学都听到过关于电梯的这样一个说法：电梯坠落时，跳一跳能保命。这是真的吗？

这里，我先给大家吃一颗定心丸，为了提高电梯的安全系数，防止坠落等事故发生，我们的研究人员付出了许多努力。现在，我带大家了解一下，那些不为人知的关于电梯的小秘密。

1. 电梯是怎么工作的？

目前，最常见的电梯是钢缆式电梯。安装电梯时，将钢缆的一端连在电梯轿厢上，再把钢缆绕在楼顶上的电机上（如图3-7所示）。当电机朝一个方向旋转时，轿厢上升；当电机朝另一个方向旋转时，轿厢下降。这和我们平时吃面用筷子绕面条的方式很像。

当然，电梯的工作原理不只是这些。假如电机只是在那里使着蛮劲拼命拉，不仅不节能，还会很快冒白烟、"闹罢工"。

图 3-7

2. 多重保护，安全到家

实际上，楼顶上方的电机只是起到锦上添花的作用，真正让轿厢轻松运载的是挂在钢缆另一端的配重块。如果你在商场里观察观光电梯，就会发现，电梯往上走时，会有一个大铁块似的东西在往下走，这就是配重块。

配重块通常是电梯满载重量的一半，它能够起到很好的平衡作用。电机只需轻轻地引导，稍微向左或者向右打破这种平衡就可以了。一旦电梯动起来，电机唯一要做的就是精确地控制好配重块。

不管是轿厢还是配重块，都被安装在电梯井里的导轨上，这样做可以防止它们来回摆动，更重要的是，这种做法还提供了一套备用的安全措施。当电机出现故障时，轿厢上的制动器就像汽车刹车那样，牢牢捏住导轨，利用摩擦力使轿厢减速直至停下来。与此同时，顶部钢缆制动器也会立即被释放，利用液压钳钳住钢缆，防止轿厢进一步下坠。

有的同学可能还会不放心：钢缆会被扯断吗？理论上，一根钢缆完全可以支撑电梯的全部重量，而连接电机与轿厢的钢缆不止一根，多出来的钢缆无非是多上道保险而已。

假设一个极端一点的情况，比如钢缆断了或者刹车出故障了，我们还是不用担心，因为所有的电梯都安装了故障保护装置——顶部电机旁边还有一根钢缆拽着轿厢。它是一个完全独立于电机的牵引系统，当电梯工作正常时，它会顺从地被缆绳带动旋转；当电梯发生异常时，比如，轿厢下降速度过快时，它里面飞轮中的钩子就会在离心作用下往外甩，钩住飞轮内圈的棘轮，及时地刹住下坠的轿厢。此外，电梯井底部还设有专门的液压缓冲装置，它可以在轿厢掉到底部时起到缓冲作用。

大家可以想一想，顶部钢缆制动器、轿厢上的制动器、多出来的钢缆、故障保护装置、电梯井底部的缓冲装置等，有这么多道保险，你还需要担心吗？可以说，目前电梯是我们上下楼最安全的工具，甚至超过了我们的双腿。

3. 跳一跳，不过是无谓的挣扎

虽然电梯有很多道保险机制，但不怕一万，就怕万一。假如你真的遇到了故障情况，在遇到电梯下坠的时候，要不要跳一跳呢？在回答这个问题之前，我们先做一道简单的物理题。

轿厢在电梯井里下坠时，由于受到空气阻力，不可能真的达到自由落体的状态，也就是说，你不太可能因失重而飘起来。现在，我们综合计算一下，如果你坐的电梯是从 150 米的高度失控落下，那么它坠地的速度大概是 41.3 米 / 秒，这是一个致命的速度。假设你能掐准时间，在电梯坠地的瞬间跳起来，这能抵消多少冲击力呢？有运动学家计算过，一名身体素质良好的运动员，从静止的地面上跳起来，瞬间速度可以达到 2.45 米 / 秒。但当电梯下坠时，人重量减轻的同时，地板对人的反作用力也减轻了，就是说，这时跳起来的速度只剩下原来的一半左右，大约是 1.3 米 / 秒，用 41.3 米 / 秒的速度减去 1.3 米 / 秒，落地速度变为 40 米 / 秒，虽然这个速度同样是致命的，但总算也做了一次"最后的挣扎"。

但是，上面所说的只是一种假设，因为你既没有办法算出准确的起跳时间，也没有运动员那样强壮的腿部肌肉。哪怕你具备以上两个条件，结果还是一样的。

4. 最好的办法是躺平

那到底该怎么办？有人说：靠墙半蹲行不行？事实是，你的腿和脊柱根本承受不了那么大的冲击力。

美国麻省理工学院生物医学工程中心的一位教授给出了建议：如果遇到电梯下坠的情况，尽可能平躺在地板上，这样做可以使受到的冲击力最大限度地均匀分配在你的身体上，同时也能避免你身体的一部分成为攻击你身体另一部分的"高速炮弹"。所以，平躺是最科学的做法。这个平时看似最没用的"防身术"，也许在关键的时刻能保护我们。

所以，同学们赶紧记住这个方法吧！

离开马桶后，污水跑哪儿去了？

每次用完马桶，我们都会按下冲水键，把"一切烦恼"都冲到下水道。有的同学可能会很好奇：接下来那些污水都被冲到哪里去了呢？在回答这个问题之前，我先带大家了解一下城市的排水系统。

1.雨水排水系统

通常，我们城市的下水道有两套独立的排水系统（如图 3-8 所示）：一套是下图中由蓝色管道构成的雨水排水系统；另一套是下图中由黑色管道构成的污水排水系统。这就是我们常说的"雨污分流系统"。

理论上，雨水管道应该直接连到江河湖泊，因为它收集的是雨水，来自自然再回到自然，这是最合理的。可是，如今的雨水不再单纯，它与汽车尾气、工厂废气、油污粉尘等化学物质混合到一起，所以需要经工厂进行专门处理之后，才能排到江河湖泊中。

图 3-8

2. 污水排水系统

大家可能不知道，我们每天所制造的生活废水的量是相当惊人的。以美国纽约市为例，作为全世界最大的城市之一，它每天需要处理高达 500 万吨污水。如果把这些来自马桶和厨房的污水灌到死海里，只需 8 年就可以体验到别样的漂浮"乐趣"。为了避免这种情况发生，污水处理厂便扮演了拯救城市的"超级英雄"。

这个"超级英雄"要做什么事情呢？它将城市的生活污水集中到一起，经过处理之后，再排放到自然环境中。

现在，让我们一起走近这个"超级英雄"。当污水处理厂接收了污水之后，第一步是进行预处理，目的是清除污水里较大的物体，使处理后的水体变得均匀。这一步主要靠一种叫条形筛网的设备来完成，那些颗粒较大的被冲进马桶却化不掉的东西在这里会被筛出来，拉往垃圾处理厂进行后续处理。

接下来，经过预处理的水会进入沉砂池，在这里能去除掉那些没有被筛网过滤掉的"漏网之鱼"，比如很细的沙石和类似细砂石的颗粒物。

沉砂池有三种类型：水平沉砂池、充气沉砂池和涡流沉砂池。它们的工作原理和效率都比较接近，就是让废水旋转起来，让那些较重的颗粒自然地沉降到池子底部。

经过沉砂之后，污水将流向澄清池，澄清池的作用是让细微颗粒物自然沉降。只要泵入澄清池的污水速率低于颗粒物的沉降速率，就能让清澈的水从上方溢出。最后，从澄清池流出的水中，固体颗粒物已经小于 10 微米。

接下来就到了第四步——对付小于 10 微米的杂质。它们通常是有害细菌等有机物，对付这些有机物要在曝气池里进行。曝气池里有数百个甚至数千个微型气泵，从池底往池子里不断吹泡泡。与此同时，还要往水里放一种叫作活性污泥的东西，可以把它们理解为一群管不住嘴的"吃货"，它们的食物就是水里的那些有机物。当充足的氧气和这些活泼好动的"吃货"组合在一起时，曝气池就变成了一个完美分解有机物的"天堂"。

经过上面步骤处理过的水几乎没有多余的杂质了，同时减少了至少 85% 的有机废物。

这时候就到了最后一步——消毒。消毒通常有三种方法：用氯气、用臭氧和用紫外线。每个污水处理厂会根据自身的实际情况来选择。

最后，经过消毒的污水，就可以把前面的"污"字去掉，快乐地奔向大自然的怀抱了。

盖高楼的塔吊原来是自己"长高"的

我们经常听到这样一句话：心有多大，世界就有多大。如果把这句话用在建造楼房上，就可以这样说：塔吊有多高，楼就有多高。

很多同学都见过塔吊，但却不知道它们怎样蹿得那么高。下面，我带同学们了解一下塔吊"长高"的故事。

1. "矮个子"塔吊

想要长得高，只有扎根大地才能办到，所以塔吊的建设始于向下挖掘。在挖坑、打桩、灌上钢筋混凝土扎好根后，就可以在移动式吊车的帮助下拼装 1.0 版本的塔吊了。之所以叫"1.0 版本"，是因为移动式吊车的吊臂高度有限，只能拼出一个功能齐全的"矮个子"塔吊。

为深入了解这个"矮个子"，我们有必要先了解它的结构。

从下面开始，塔吊塔身由一个个被称为标准节的桁架[1]连接而成，开始能装几

---

[1] 一种具有三角形单元的平面或空间结构。

节取决于所用移动式吊车有多大能耐。然后，在塔身上方装上转台，使得塔吊顶部在操作员的控制下可以自由旋转。

装在转台顶上的是塔尖，它左右两边伸出一长一短的吊臂和平衡臂，和塔身垂直，组成一个大写的T。为了减轻两臂做伸展运动时的压力，人们通常还将几根拉杆挂到塔尖上，这就是我们通常见到的塔吊的模样了。

2. 塔吊不倒的秘密

在给大家讲塔吊如何"长高"之前，我要先解释一个困扰大家很久的问题：塔吊是如何做到在吊重物的时候保持平衡的呢？要知道，操作塔吊本身就是一个平衡游戏，如果不能使它的重心落在支撑点上，那么再结实的结构都会瞬间崩塌。

如何才能使重心落在支撑点上呢？杠杆原理告诉我们，只要左右两臂的力矩相等就可以了，而力矩等于受力力臂长度乘以所受之力。应用在塔吊上面，就是平衡臂长度乘以挂在它尾巴上的混凝土配重，等于吊臂长度乘以吊起来物体的重量。

这时你会发现一个问题：平衡臂长度固定，装上去的配重也不能改变，它们相乘得出来的结果是固定数值，而塔吊另一边，吊臂长度一定，但每次吊起来的东西有轻有重，所以它们相乘的结果是个变数，那为什么塔吊还能保持平衡？

这其中的秘密就在挂着起吊重物，可在吊臂上移动的载重小车上。小车可以根据起吊重量来调整吊臂上真正的力臂的长度，使乘出来的力矩恰好与平衡臂一边保持一致。这样，塔吊就能屹立不倒。

3. 塔吊是如何自己"长高"的?

除了水平臂塔吊,塔吊家族还有一种动臂塔吊,它是利用上下升降吊臂来完成对力臂长度的调整的,这两种塔吊的工作原理大同小异。

接下来,我们真正关心的问题来了,塔吊是如何自己"长高"的呢?其实很简单,塔吊给自己做了一个"接骨手术"。它借助了一个叫爬升架的特殊装置,不同于四面都封闭的塔身,爬升架有一面是开放的,而且爬升架的高度正好与一节塔身标准节相当。爬升架的这种设计就是为了把用来增高的标准节滑入塔身之中的。

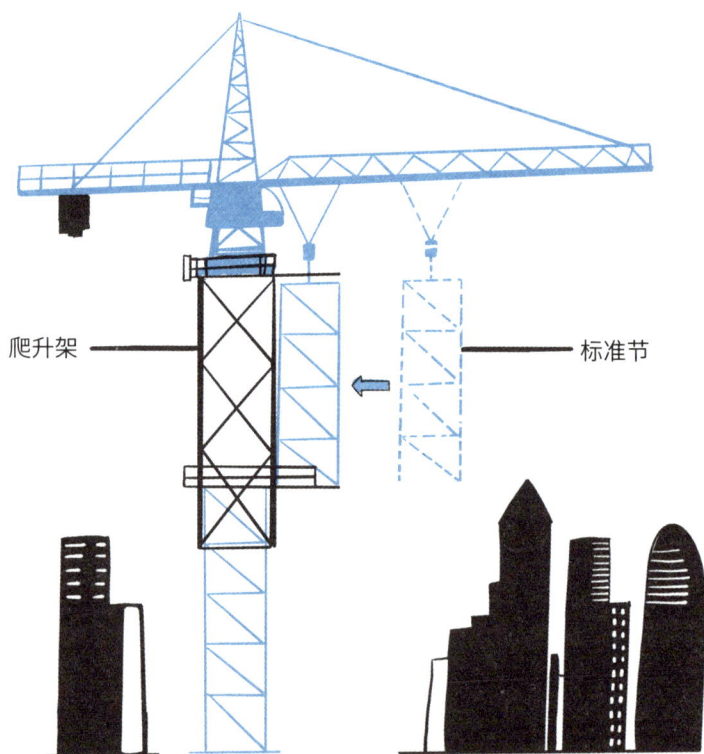

图 3-9

爬升架会从塔身底部上升到转台下方，接替塔身最上面的那段原本连接转台的标准节，再把转台暂时装在自己头上。与此同时，塔吊吊起另一根标准节，放到爬升架滑槽内备用。

这时真正的奇迹开始了。爬升架在液压的加持下，顶着转台及以上部分慢慢往上升起，直到转台和塔身中间空出一个标准节的位置，等爬升架滑槽内的标准节滑进这个空出来的位置之后，工人再将标准节与塔身固定，接骨就这样完成了。如果想要再增高，继续重复上面的动作就可以了。所以我说，塔吊是自己"长高"的（如图 3-9 所示）。

4. 站在巨人的肩膀上

有的同学可能会问：我们周围那些几十层楼的楼顶上的塔吊，也是这样一节一节拼上去的吗？那得需要多少标准节才行呀？

事实上，这些塔吊根本不需要多少标准节，完成最初的爬升后，就可以踩在巨人的肩膀上了。这种塔吊最下面的那段标准节换成了带有起重机的标准节。接下来，它就不是在旁边盖楼，而是在周围盖楼，把自己围在当中。等建好几层楼后，工人会在顶楼和中间楼层分别装上导梁，同时在塔吊两边插上攀爬导轨，接着松开带有起重机的标准节同地面基座之间的连接，然后打开起重机的液压泵，这个带有起重机的标准节就会一点一点地沿着导轨把自己给顶上去，直到底部棘轮卡进第一个导梁的孔里。就这样，大楼不断往上盖，塔吊则不断沿着导轨往上爬，重复此过程，摩天大楼和"小矮人"塔吊都站到了云端。

同学们，这个自我生长的过程是不是很有意思呢？

导航是怎么知道前方堵车的?

开车时，堵车是一件很让人心烦的事。但我更好奇的是：导航软件是怎么知道前方堵车的？是不是有很多同学跟我有一样的疑惑呢？我曾猜测，导航软件是不是根据卫星拍摄的地面照片来做出判断的，但仔细一想又觉得不合理。因为不管是 GPS 导航系统的卫星还是北斗卫星导航系统的卫星，都不是成像卫星，它们只会向地面的接收机发射位置信号。

我也曾想过，这些图片信息还有可能来自遥感和测绘卫星，但考虑到实际情况也觉得不太现实。因为实时路况的重点在于"实时"，而且范围涉及全国所有城市、乡村甚至是山林，这意味着如果这些信息采用遥感和测绘卫星来获取，就需要无数枚卫星同时在轨运行，而这需要投入巨大的经费，显然不符合逻辑。

那么，导航软件是如何接收到前面堵车的信息的呢？经过认真的分析和研究，我归纳了以下三个来源：

1. 众包模式

简单地说，就是来自数以亿计的手机用户。当我们打开手机下载任意一款地图软件，并使用它所提供的服务时，必须同意它收集我们的位置信息。

当你同意了导航软件的要求后，导航软件就有了你实时更新的位置信息，通过这样的信息就能计算出你前进的方向是哪里，前进的速度是多少，并计算出你在这样一个位置朝着这样一个方向前进，速度到底正不正常。比如，导航软件监测到，你在一条宽阔的马路上以 5 千米 / 时的速度前进，这显然不正常。这时，导航软件还会看看同一路段上其他人的情况怎么样。如果别人传回来的数据与你的差不多，就可以判断这个路段有点儿堵。

导航通过收集人们所在的位置、前进的速度，来判断拥堵路段究竟有多长，进而估算出你大概需要用多长时间才能通过这一路段。

这种"人人参与，人人获利"的方式，就是一种众包模式。

当然，仅仅采用众包模式并不可靠。举个例子，德国柏林一个叫西蒙·韦克特（Simon Weckert）的艺术家做过一个有趣的实验：他在一个小拖车里装了 99 部手机，在每部手机上装 1 张 SIM 卡，然后在所有手机上同时打开谷歌地图。接下来，他开着小车慢悠悠地在马路上闲逛。有意思的事情发生了，他走到哪里，谷歌地图就显示哪里堵车，然而实际上路并没有堵。如果按照我们刚才说的众包模式，软件检测到多达 99 台的"车"，而且每台都是以龟速爬行，那这些车所在的那条路一定是发生了堵车。但实际上，这可能只是一个闲着没事的艺术家的恶作剧。

所以，众包虽好，但不能全信，还要加入一些更靠谱的信息源才行。

2. 交通部门流量监测系统

交通部门的监测系统，是由分布众多的摄像头、测速仪和电子警察构成的。

此外，交通部门还要求出租车、大客车等运营车辆必须安装定位设备。这样，交通部门就可以对道路上的车进行实时监控，尤其是城市的重点路段。

看看城市、乡村越来越密集的摄像头，就会知道信息采集的密度和精度是非常高的。当然，这些信息会在不泄露安全的情况下，一定程度地提供给导航软件。

3. 第三方专业路况数据服务公司

第三个来源就是从第三方专业路况数据服务公司进行购买。由于是专业公司提供的信息，所以，这些信息也最有参考价值。

那么，这些专业公司的数据是从哪里来的呢？来源主要包括出租车轨迹、各个打车平台、导航软件平台的众包数据汇总，以及沿路照片、全景照片、ＦＭ语音路况、车载自动诊断系统、沿路激光的点阵数据和声纹信息，等等，你能想到的和你想不到的途径全包括在内了。其中声纹系统比较特殊，简单来说，就是我们说的每一句有关路况的话都有可能被第三方收集成为信息。

同学们，这回你们知道了吧，正是对诸多信息的充分收集，才让我们的导航变得更加精准，我们外出旅行也不容易再迷路了。

混凝土"瞧不上"沙漠的沙子

很多同学喜爱玩沙子，也有一些同学知道沙子可以拿来和水泥搅拌，制作成混凝土，用来盖房子。可你们知道吗，沙子有很多种，有的沙子只能玩却不能用。比如，沙漠里的沙子就不能用来制作混凝土，混凝土为什么这么"挑食"呢？

1."肉眼可见"的原因

这是因为沙漠里的沙子太细了。那么，为什么太细的沙子就不适合用来制作混凝土呢？

要知道其中原因，就要从混凝土的特性说起。混凝土是由水、水泥、沙子和砾石四种物料混合而成，每种物料都饰演着不同的角色。

其中，水有两个作用：一是为整体提供流动性，让混凝土更好地将结构填充起来；二是与水泥产生水合的化学反应，让混凝土固化变硬。

水泥起到的是黏合剂的作用，沙子和砾石起到的则是骨架的作用。这就像人不能只有肌肉没有骨骼一样，黏合剂水泥配合骨架沙子和砾石共同构成一副强壮的"身体"，这样就支撑起了现代社会的城市。所以，沙子和砾石又被称为骨料，对于混凝土的强度起着至关重要的作用。

当我们切开一块混凝土时，可以明显看到，物料之间是如何相互支撑的，大块砾石之间夹着沙子，沙子的空隙填满了水泥，这就是一般的混凝土（如图 3-10 所示）。而且，混凝土对各种材料都有严格的要求，作为细骨料的沙子的直径普遍要求在 0.5 毫米以上，远大于沙漠中沙子的平均直径。

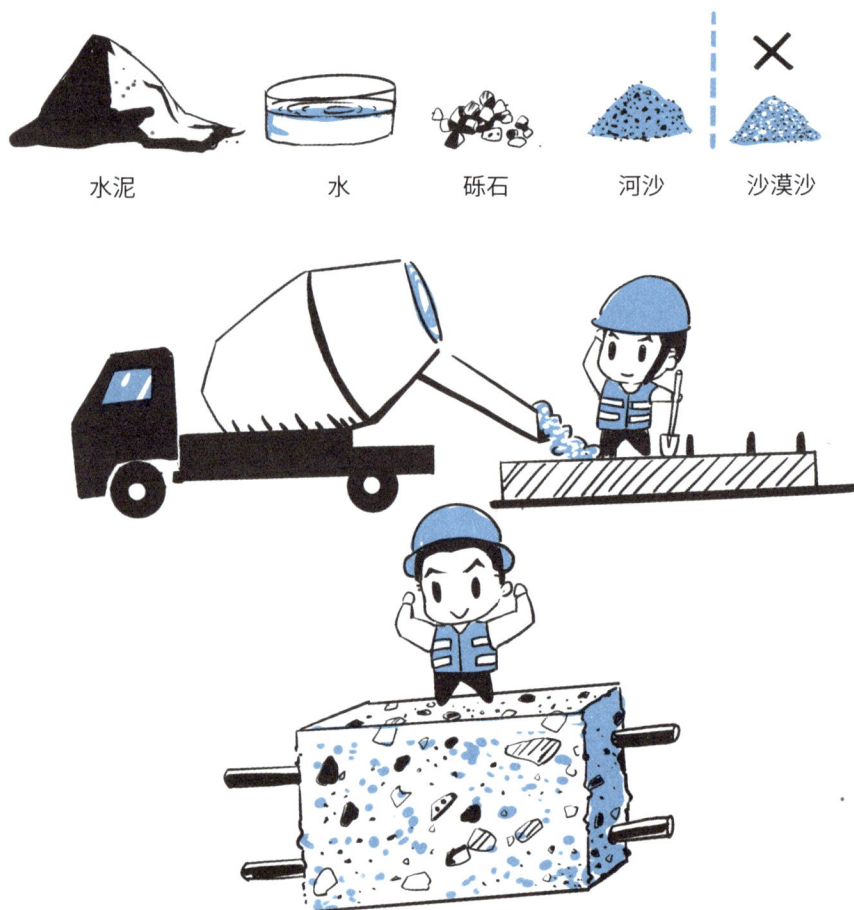

水泥　　　水　　　砾石　　　河沙　　　沙漠沙

图 3-10

2. 沙子太细带来的后果

为什么沙子太细就不适合用于制作混凝土呢？这是因为沙子越细，总表面积就越大，需要用来包裹它的水泥就越多。这么说可能有很多同学还是不太理解，给大家举一个直白的例子：假如混凝土里的沙子的直径小于 0.5 毫米甚至趋向于零，那么就相当于混凝土里没有沙子，所有的空隙都要用水泥来填充，这样做出来的混凝土实质上是一个纯水泥块。这样做会带来以下三点影响：

一是成本增加。毕竟水泥用得多，花费自然就大。

二是强度降低。这与物理因素有关，因为沙子的直径变小，数量就会变多，表面积也会变大，水泥要拥有更好的流动性，才能将它们全部包裹住。而流动性是由混凝土中的水提供的，更好的流动性意味着更高的含水率，而更高含水率带来的最大副作用是强度降低。有一个视频形象地展示了低含水率、正常含水率、高含水率三种混凝土固化后被测试时的表现：高含水率的混凝土几乎不需要任何压力就被压碎了；低含水率的混凝土则有着最好的抗压表现，它更多应用于建设水坝上，而我们日常建筑所用的都是正常含水率的混凝土。

三是容易开裂。这点与化学反应有关，混凝土变硬并不是由于其中的水分蒸发，而是由于把水留在其中发生了水合反应。一般来说，只要是化学反应，就会吸热或者放热。而水泥硬化就是一个放热过程，如果混凝土中水泥比例大，所放的热就多，就会因为温度不均而开裂，甚至有炸裂的危险。

3. "肉眼不可见"的原因

为什么细沙子不能用来制作混凝土，除了前面讲到的"肉眼可见"的原因，还有几个"肉眼不可见"的原因。

　　第一，既然混凝土硬化是一个化学过程，自然要求参与的材料拥有稳定的化学性质，而沙漠里水分蒸发旺盛，沙子全变成了盐碱沙，化学性质非常不稳定，用这样的沙子来制作混凝土，等于直接削弱了混凝土的强度和耐久度。

　　第二，在长年累月的狂风打磨下，沙漠中的沙子变得非常圆润，棱角被磨平，由于相互之间缺乏足够的摩擦力将彼此牵制在一起，已经变成了"一盘散沙"。

　　第三，绝大多数沙漠都在远离城市的地方，开采和运输其中的沙子都花费巨大，得不偿失。

　　综合以上多方面原因，沙漠里的沙子不是混凝土的理想材料。混凝土用沙以河流与湖泊当中的沙子为佳，但近几年这些沙子被过度开采，早已成了稀缺品。

　　最后，希望同学们和我一起呼吁：合理采挖沙子，保护生态环境。

传说人的大脑只开发了 10%，这是真的吗？

同学们，你们是否听过这样一种说法：人类的大脑只开发了 10%，剩下的 90% 还是"一片荒芜"。

听了这个说法，你是不是有一种潜能无限的感觉？你是不是也有一种冲动的想法：如果能够拿到一把打开大脑的钥匙，打开剩下 90% 的宝藏空间，自己岂不就是如神一般的存在了？真的是这样吗？

1. "大脑只开发了 10%"是个误解

事实上，无论你拿到了一把钥匙，还是获得了一瓶药水，对开发大脑都是没有用的。因为，"大脑只开发了 10%"这种说法根本就是一个误解。

这个说法最早源自美国心理学之父威廉·詹姆斯（William James）的一句话："人的智力只开发了一小部分，还有更多的潜力等待着我们去开发。"这句话本身没有问题，但经过很多人的传播之后，就慢慢变了味儿。最后，"大脑只开发了 10%"这个说法就流传开了，对人们造成了持续不断的影响。

很长一段时间内，科学家也搞不清楚大脑内大量的额叶和顶叶的具体作用，因为即使意外损伤了额叶和顶叶，有些受伤者照样吃得香，睡得香。科学家给它们取了一个好听的名字——"沉默区域"[1]。

然而，后来的研究表明，额叶和顶叶其实一点都不沉默。它们虽然并不影响我们的衣食住行，但却影响着对我们来说非常重要的能力，如抽象推理能力、规划和决断能力、环境适应能力等。

2. 剩下的 90% 也并非没有被开垦过

既然沉默区域不沉默，那么所谓的"90% 的大脑没被开垦过"的说法自然也是说不通的。

别的不说，从能耗上就完全说不通。成年人的大脑质量只占体重的 2%，却要消耗成年人每日摄入总能量的 20%；儿童大脑消耗的能量高达 50%，婴儿则高达 60%。

如果其中九成能量都被一些成天只晒太阳不干活儿的家伙浪费掉了，你要是老板，肯定会直接把它们"裁"掉。

有的同学可能会很好奇地追问：大脑的利用率到底是多少呢？或者说，它是怎么工作的呢？

人类大脑之所以要消耗那么多的能量，是由于大脑里面存在多达 860 亿个的神经元。我们哪怕什么事都不做，光是让这 860 亿个神经元保持正常，就需要消耗摄入能量的 20% 甚至更多。但它们不能不干活，这就要额外加上让神经元放电

1　在这些区域中，绝大多数神经元对电刺激没有明显反应，也就是说，长期保持沉默的状态，与大脑中的其他区域相比非常不同，因而得名。

的能量，以使信号在各个神经元之间传递。如此，能量严重吃紧，如果让它们都保持随时待命状态，只需要发射一次信号，就会造成大脑全面"宕机"。

3. 大脑是如何高效利用能量的?

为了避免发生以上的情况，大脑需要非常高效地利用能量，即只让其中一小部分脑细胞始终保持在线，并通过一种叫作"稀疏编码"的策略，优化信息传递路径，使大脑能够以最少的能耗换来最大的信息承载量。

这部分始终保持在线的脑细胞的最佳占比是 1% ～ 16%，这些脑细胞是你在有意识地思考时所必须启动的部分，而大脑为了节约能量，会让剩下的那些细胞处于无意识工作的状态。所以，哪怕我们的大脑只激活了 10%，但仅仅这 10% 的大脑，在运作的时候也需要调动整个儿大脑的能量去维持。

好在我们的大脑足够强大，强大到为自己建立了一套高效的节能机制。

连强大又聪明的大脑都这么拼了，你还好意思偷懒吗? 你可是有数百亿个饿得要命的神经元需要"喂饱"，如果浪费了它们，真是太可惜了。

所以，努力奋斗吧，少年!

"似曾相识"可能是你的大脑在"抽风"

很多同学有过类似的经历：当走进一个完全陌生的环境，比如一家从没有去过的餐厅，却在跨进去的瞬间就感觉眼前的场景非常熟悉：餐厅的布局、餐桌上的调料瓶、走过来的服务员……

这些场景跟你记忆中的画面一模一样，你似乎曾经历过这一切。这种充满了神秘色彩的感觉，究竟是怎么回事？

心理学家把这种在日常生活中经常出现的错觉叫作"Déjà vu"。这个词源于法语，是"以前见过"的意思，专业一点说就是"既视感"，或者叫作"幻觉记忆"，也就是说，这种现象一定跟我们的记忆有着密切的关系。

1. 两个有趣的场景实验

科学家很早就想把这件事弄明白，但既视感的发生是瞬间的事，你根本不知道它会在什么时候发生，所以想要在实验室里面记录和研究这一现象，是不可能的。

直到出现了 VR 虚拟现实技术，有关既视感的研究才有了进展。研究人员在游戏里布置了两个场景，它们拥有相同的布局，却有完全不同的功能。比如，第一个场景是水族馆，里面错落摆放着一些鱼缸，要求你按照一定的路线参观这个水族馆。

过了很长时间后，研究人员再次邀请你来体验 VR 游戏，这次场景换成一间酒店大堂，其布局跟之前的水族馆一模一样，但里面的鱼缸换成了沙发、矮桌和吧台。当你沿着原来的参观路线往里走时，既视感不知什么时候就会冒出来了。

基于这个实验，科学家开始认为既视感只是一个记忆现象：当我们进入一个与记忆相似的场景，但又无法找到对应的确切记忆时，大脑就容易"抽风"，出现既视感。

2. 大脑"抽风"的三种解释

科学家们显然不满足于这个简单的解释，于是提出了很多理论，试图解释大脑"抽风"的具体原因。我们来说说其中最常见的三种解释：

第一，可能与海马体有关。

我们的记忆非常复杂，与电脑储存一个文件时只需要把它放到文件夹里，或是把一沓照片装进盒子塞到床底下保存起来是完全不一样的。我们的记忆更像是一个需要不断重新经历的过程，人脑会不停地扫描感官传递来的信息，以判断我们正在经历的这些事情在记忆里是否有一个熟悉的版本。

一旦扫描到熟悉的版本后，大脑中的海马体就会迅速反应，调出与之相关的记忆，并重新激活保存着当时那些记忆片段的神经回路，让大脑再一次体验那段记忆，这就像坐了一趟记忆的时光机。上述步骤需要一气呵成，如果谁在中间"掉链子"了，比如大脑已经识别出熟悉版本了，但海马体在唤出记忆时出现卡壳，你的既视感就马上不请自来。

第二，可能与大脑对外界信息的记录模式有关。

通常情况下，各种感官输入的信息，比如气味、声音、图像等，会在经过处理后被混合在一起，变成一个事件记录在大脑里。如果在处理和记录的过程中发生了意外，就会使其中的一些信息比别的信息记录得慢半拍，大脑有可能就会把它标记成另外一个事件，我们就会感觉这事儿好像以前发生过。

第三，可能与过于专注有关。

当你对环境中的某个部分过分专注，以至于感觉仿佛周围的世界正在飘走时，如果突然被打断，一下子回到现实，你就会产生错觉，好像这个地方曾经来过，而这个"曾经"就是你刚刚发呆之前。

虽然以上这些解释都能描述出既视感的一些特征，但没有哪种解释能被盖棺论定。所以，如果想要了解它背后的真相，可能还需要科学家和研究人员寻找更多方法才行。

汽车发动机装在哪儿才完美?

我先来问同学们一个问题:汽车的发动机通常装在什么地方?看过修车的同学应该都会肯定地回答:在驾驶舱前边的引擎盖里。答案的确是这样。那么,发动机为什么会装在引擎盖里呢?

1. 不是所有汽车都是前置前驱

我们把前置发动机、前轮驱动的汽车统称为"前置前驱汽车"。由于发动机的重量正好压在前轮上,所以前轮才能拥有更大的牵引力,转向时更容易被控制,这意味着在雨天路滑时不需要具备职业车手的技术也能把车开好。此外,把发动机放在汽车前面,才能用更经济的方法来降温,制造起来也相对便宜。

那么,是不是所有的汽车发动机都装在前面呢?答案是否定的,有一些汽车是例外。比如,保时捷 911 是后置发动机,法拉利 F430、布加迪威航、奥迪 R8 等超跑是中置发动机。

也就是说,汽车的前、中、后部都可以放置发动机。那么,为什么会出现不同的汽车布局方式呢?要回答这个问题,我们就需要来回顾一下汽车制造的历史。

2. 前置后驱时代

19 世纪，大部分非马力驱动的车都是采用后置发动机，以后轮驱动的，即后置后驱。

到了 1895 年，法国汽车制造商潘哈德制造出第一辆前置发动机后轮驱动的汽车。相比之前的后置后驱，前置后驱的优势相当明显。前置后驱把重量均匀地分布在前后轮上面，汽车的可操作性变得更强了，前轮的牵引力也更强了。这一发明，对于整个汽车制造业来说，绝对是一个里程碑事件。

3. 致敬前辈，重回后置后驱

就这样，前置后驱在当时很快成为业界标配，大家纷纷效仿。美国福特公司著名的 T 型车就是前置后驱，从 1908 年到 1927 年，福特公司一共卖出去了 1650 万辆此类汽车。

1934 年，德国奔驰在研究了汽车发动机的布局后，号召把发动机放在后面。这是一个致敬前辈的举动，就这样，后置后驱潮流的序幕就此拉开。

很快，奔驰 130H 问世，紧随其后的是捷克汽车制造商 TATRA，这一潮流在 1938 年达到高峰。在大众发布了甲壳虫后，TATRA 立即起诉大众抄袭自己的 V570 和 97。不久之后德国入侵捷克，但战争并不能解决所有的问题。第二次世界大战结束后，大众还是乖乖交出了罚金。这个插曲并没有影响甲壳虫的火爆销量。就这样，业界标配变成了后置后驱。

与此同时，后置后驱的一些问题也逐渐显现出来——路上越来越多的车"漂"了起来。后置后驱的重量都压在后轮上，虽然车的加速性能特别好，但由于拐弯时前轮变轻，没有足够的牵引力，车就显得特别"漂"，过度转弯就成了常态。把优点和缺点平衡得很好的车只有保时捷911。保时捷911的做法就是将车身高度尽量降低，轴距也缩短到比甲壳虫更紧凑。随后其他几款成功的车，走的也是这条路线。

随后，雪佛兰公司也开始发力，他们生产的考威尔既高又长，最初深得美国民众的欢迎，大家纷纷购买。后来，一个有野心的年轻政治家拉尔夫·纳德（Ralph Nader）也买了一辆。纳德当时写了一本书，言辞激烈地控诉考威尔容易发生危险。因为该车在拐弯的时候容易漂移，再加上前轮缺乏防倾杆，漂移往往就演变为翻滚，这可把美国人吓蒙了。从此，他们再也不敢买后置发动机汽车了。

4. "肌肉车"的出现

后来，美国三大汽车制造商重新关注前置后驱的汽车，开始批量生产"肌肉车"，如野马、科迈罗、火鸟、战马等。把发动机放在前面，就没有了过度转向的风险。只是，要把动力一路送到大后方，中间的损耗就会变大，维护起来也比较麻烦。

为了让"肌肉车"名副其实地"猛"起来，汽车制造商们采用了更大的发动机。更大的发动机意味着更大的重量，于是平衡被打破，车后轮变轻，来自后方的加速度和牵引力也降低了。

想要解决这个问题，只有把发动机后挪，同时把乘客往后轮的方向逼，但车会留下一个巨大的引擎盖，这就是"肌肉车"的头又大又长的原因。

有人会说，既然人们愿意牺牲驾乘空间去追求无与伦比的速度和操纵感，那为什么不用中置引擎的方案呢？

事实上，法拉利F430就是把发动机放在前后车轮之间的。由于最重的东西正好位于汽车中间，驾驶者便可拥有更好的操纵感：轻松精确的转向、安全高效的刹车、巨无霸引擎带来的极速体验……当然，这种做法有一个巨大的缺点，那就是成本太高。

　　最后，我们来总结一下这三种不同布局的汽车各自的特点：前置前驱的汽车空间宽敞、经济便宜，就是操纵起来缺乏点乐趣；前置后驱的汽车加速优秀、操纵优秀，就是不经济；后置后驱汽车是漂移首选，但价格不菲。所以，发动机放在哪儿才更适合，称得上是一个仁者见仁、智者见智的问题。

　　以后，当你在买人生的第一辆汽车时，会选择哪一种呢？

缆车应该是上山坐还是下山坐？

跟爸爸妈妈一起爬山时，很多同学坐过缆车。那你知道缆车应该是上山坐还是下山坐吗？你可能会说：当然是上山坐呀，因为上山是在抵抗地心引力，而下山，引力却可以变成朋友。但事实上是这样的吗？下面，我们就一起来探讨一下这个问题。

1. 为什么上山容易下山难？

人们常说"上山容易下山难"，这其中蕴含着什么道理呢？下面我们就从以下三个科学的角度来对这个问题进行解释：

第一个角度是力的叠加。不管是上山还是下山，重力的方向始终都指向地心，保持不变，但我们自身的作用力方向却是变化的。上山时，自身的作用力方向向上，与重力的方向正好相反，成平衡状态，除了费点力气，危险性很小。下山时，重力是向下的，自身作用力却也变得向下了。这个时候两个力之间的平衡就不好掌握了，处理不好，前冲的力量过大，就容易发生危险。

第二个角度是肌肉的运作方式。登山时，发挥最大作用的是大腿前面的肌肉——股四头肌。这块肌肉在上山时会边缩短边施展力量，下山时则边拉长边施展力量。前者称为向心收缩，后者称为离心收缩。前者对肌腱而言是自然的收缩方式，而后者则是不自然的收缩方式。试想一下，如果不自然的收缩方式持续得过久，会不会让你的动作不自然起来呢？腿部不自然地颤抖、摇晃，当然会使不上劲，危险也就容易发生了。

第三个角度是腿部受到的冲击力。一项实验表明，当我们在进行平地步行和爬上落差 30 厘米的台阶时，腿部受到的来自地面的冲击力几乎是相当的。而当我们在进行平地慢跑和走下落差 30 厘米的台阶时，着地瞬间腿部所受到的冲击力是前者的两倍。换句话说，下山时看起来是在步行，但对于腿部来说就是在慢跑。难怪下山容易造成膝盖和腰部的疼痛。如果你把它当成是一场慢跑，就能够想通了。

现在你知道了吧？上山要自己爬，下山要坐缆车，毕竟补充卡路里比修复膝关节简单得多，也便宜得多。

2. 缆车的运动跟你想的不一样

既然下山要坐缆车，那就有必要来了解一下缆车是怎么动起来的。

我们通常认为，缆车是被固定在运动的缆绳上的。由于缆车上行和下行所花费的时间完全一致，所以我们会猜测缆车跟缆绳之间应该是不会发生位移的，缆车只是跟着缆绳一起上山下山。但真的这么简单吗？

不知道大家有没有注意到，每当缆车一进站，就会自动慢下来，正好方便我们上下车；而到了快要出站的地方，它又迅速恢复到原来的速度。它是怎么做到的呢？

如果缆车是固定在缆绳上，靠缆绳的移动来移动的，这意味着当一辆缆车在进站时，整条缆绳上所有的缆车都应该慢下来，直到它出站之后再加速。但马上又会有另外一辆缆车进站，于是整个缆车系统应该都是以一种很慢的速度在运行。事实显然不是这样的，原来缆车并不是所有时候都被固定在缆绳上面。现在就让我们重新认识一下缆车的结构。

3. 缆车究竟是如何运动的？

　　缆车坐人的部分叫作车厢，车厢顶部连接着握臂，握臂上方抓住缆绳的部位是握索器。握索器有点像我们用的夹子，可以张开和合拢，它的力量来源是一个强力弹簧（如图 3-11 所示）。

　　当车厢即将进站时，原本握紧缆绳的握索器会被一个专门的轨道放松，就像是有一只手把夹子捏了一下。此时握索器和缆绳就在一瞬间分开了。与此同时，握索器旁边的滑轮会让车厢顺势滑进站内另一条轨道。这个轨道由小型的驱动轮驱动，使脱离缆绳的车厢慢速继续前进。当这段站内轨道与原来的缆绳线路交会，就是车厢准备要出站的时候，握索器再次被捏一下，然后握紧缆绳，依照之前大型驱动轮运转的速度，快速向前滑行。

　　好了，现在你应该已经明白缆车究竟是如何运动的了，下次再爬山时可以试着在下山时坐一下缆车，仔细观察一下缆车的运动轨迹。

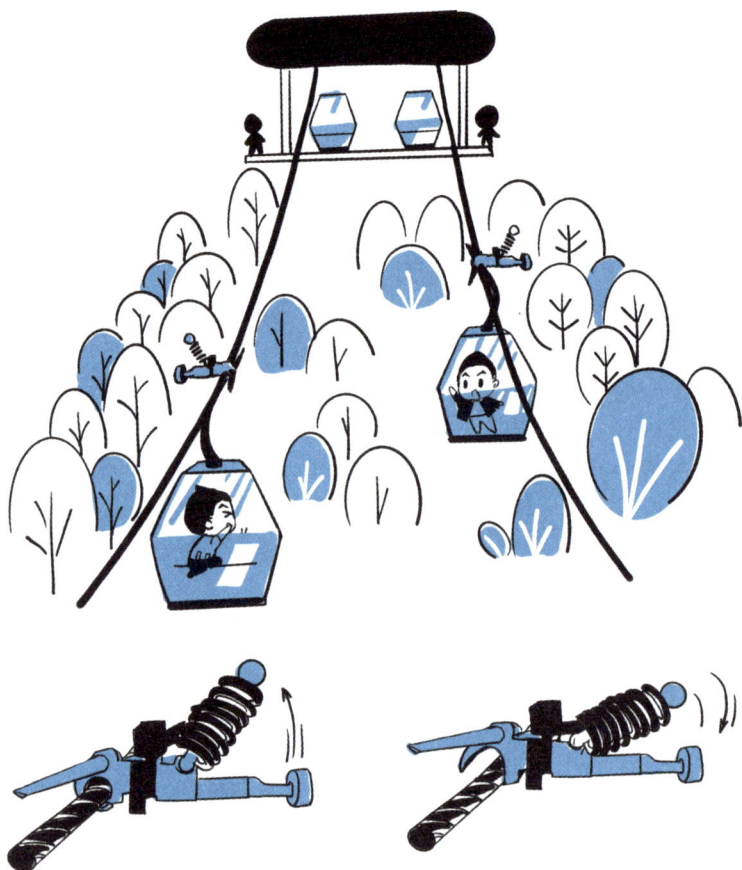

图 3-11

图书在版编目（CIP）数据

一读就上瘾的少年科学课 / 科学火箭叔著 . -- 杭州：
浙江教育出版社 , 2024.1（2024.7 重印）

ISBN 978-7-5722-6492-4

Ⅰ . ①一… Ⅱ . ①科… Ⅲ . ①科学知识—少年读物
Ⅳ . ① Z228.1

中国国家版本馆 CIP 数据核字（2023）第 161028 号

责任编辑 赵露丹		**美术编辑** 韩　波	
责任校对 马立改		**责任印务** 时小娟	
产品经理 杨智敏　袁依萌		**特约编辑** 朱韵鸽	

一读就上瘾的少年科学课

YI DU JIU SHANGYIN DE SHAONIAN KEXUE KE

科学火箭叔　著

出版发行	浙江教育出版社
	（杭州市环城北路 177 号　电话：0571-88900883）
印　　刷	三河市中晟雅豪印务有限公司
开　　本	700mm×980mm　1/16
成品尺寸	166mm×235mm
印　　张	16.25
字　　数	221000
版　　次	2024 年 1 月第 1 版
印　　次	2024 年 7 月第 3 次印刷
标准书号	ISBN 978-7-5722-6492-4
定　　价	59.80 元

如发现印装质量问题，影响阅读，请联系 010-82069336。